KB115567

미드 마스터

미드 마스터

발행일　2017년 6월 16일

지은이　김나디아
펴낸이　손 형 국
펴낸곳　(주)북랩
편집인　선일영　편집　이종무, 유재숙, 권혁신, 송재병, 최예은
디자인　이현수, 이정아, 김민하, 한수희　제작　박기성, 황동현, 구성우
마케팅　김회란, 박진관
출판등록　2004. 12. 1(제2012-000051호)
주소　서울시 금천구 가산디지털 1로 168, 우림라이온스밸리 B동 B113, 114호
홈페이지　www.book.co.kr
전화번호　(02)2026-5777　팩스　(02)2026-5747

ISBN　979-11-5987-560-1 03740 (종이책)　979-11-5987-561-8 05740 (전자책)

이 도서의 국립중앙도서관 출판예정도서목록(CIP)은 서지정보유통지원시스템 홈페이지(http://seoji.nl.go.kr)와 국가자료공동목록시스템(http://www.nl.go.kr/kolisnet)에서 이용하실 수 있습니다.
(CIP제어번호: CIP2017013595)

미드 마스터

American dramas Master

미국 드라마로 영어회화를 돌파하는 법

김나디아 지음

북랩 book Lab

회화 공부는 어떻게 해야 하는 건가요? 무작정 외국인을 만나 말을 걸어볼까요? 아니면 회화 학원을 등록해서 강의를 들어볼까요? 본론부터 만하자면 영어는 아는 만큼 들리고, 아는 만큼 말할 수 있습니다. 그렇다면 왜 미드로 하는 영어공부인가요?

첫째, 공부는 재밌게 할수록 좋습니다. 속도도 붙고, 학습의욕이 배가됩니다. 회화는 배워서 써먹어야 하는데, 책에서 공부했던 내용은 이상하게 기억이 나지 않아요. 그런데 미드에서 봤던 대사는 기억이 나더라고요. 이것이 바로 재밌게 영어 공부를 한 효과입니다. 관심 있게 본 만큼 머릿속에 기억이 잘 남는 것입니다.

둘째, 생생한 현지 영어뿐만 아니라 속도, 발음, 억양 등 어감을 익힐 수 있습니다. 이 부분은 회화에서 가장 중요합니다. 표현을 배워도 상황에 맞는 억양과 발음을 쓰지 않으면 의사소통이 원활하게 이루어지지 않기 때문입니다.

셋째, 문화 없는 언어는 없습니다. 미국 문화를 알아야 언어가 보입니다. 미국의 개인주의 문화에선 'We'가 아닌 'I'가 발달했습니다. 프라이버시를 중시하는 미국 문화에선 'None of your business(남의 일에 간섭하지마세요)'

같은 표현이 생겨났고요. 개방적일 것 같지만, 의외로 보수적인 사람들이 많은 미국. 하지만 대도시로 갈수록 오픈 마인드 형 사람들이 많은 것도 사실이죠. 문화를 알고 실수를 하지 말아야 합니다.

요즘은 미드를 즐겨보는 사람들이 참 많아졌습니다. 살아 있는 언어를 배우기 위해 몸소 부딪쳐보는 올바른 학습법이죠. 하지만 재미 위주로 볼 때의 미드와 공부하기로 작정하고 본 미드는 좀 다릅니다. 재미와 공부 두 마리 토끼를 동시에 잡는 것이 여간 쉬운 일이 아니죠. 이 책은 재미로 감상하느라 그동안 놓쳤던 중요한 표현들을 알려줍니다. 먼저 감상하신 분들은 지금부터 공부를 해보시기 바랍니다. 한 번도 미드를 보지 못한 사람이라면, 이 책으로 미리 공부하세요. 수백 편을 본 효과를 얻을 수 있을 겁니다. 그러고 나서 관심이 가는 작품이 생겼다면 후에 재밌게 감상하시기를 권합니다.

미드로 공부하는 방법은 이미 여러 가지가 나와 있습니다. 무엇이 옳고, 틀리다고 할 수 없습니다. 중요한 건 자신에게 맞는 학습 방법을 찾아서 끈기를 가지고 거듭 도전하며 반복하는 것입니다. Actions speak louder than words. 실천의 중요성을 잊지 마세요.

인생에서 이뤄야 할 버킷리스트가 있다면, 그 중에서도 중요한 한 가지는 책을 출간하는 일이었습니다. 하나의 책이 완성되기까지 벌써 몇 년의 시간이 흐른 것 같네요. 하지만 언젠간 내 책을 만나볼 수 있으리란 믿음으로 인고의 시간을 즐겁게 견딜 수 있었습니다. 나의 꿈을 마침내 실현하는 데 큰 도움이 되어준 북랩 출판사에 감사합니다. 그리고 하이보이스의 멋진 성우님들. Dave, Welch, Janet, Matt. Thank you all. 이 책의 독자가 되어줄 한 분 한 분께도 감사의 인사를 전합니다.

한 가지 분야에서 전문가가 되려면 10,000시간 이상이 필요하다고 합니다. 이 책에는 만 시간이 녹아 있습니다. 영어회화의 마스터가 되는 가장 빠른 시간. 이 책의 첫 페이지를 여는 순간에서 마지막 페이지에 이르는 순간까지입니다. 여러분도 이제 마스터가 되어보세요.

구성 및 특징

챕터별로 총 12개의 드라마를 추천하고, 스토리와 캐릭터를 소개합니다. 학습할 키워드는 주제별로 정리되어 있으며, QR 코드를 찍으면 모든 예문을 원어민의 발음과 속도로 들을 수 있습니다.

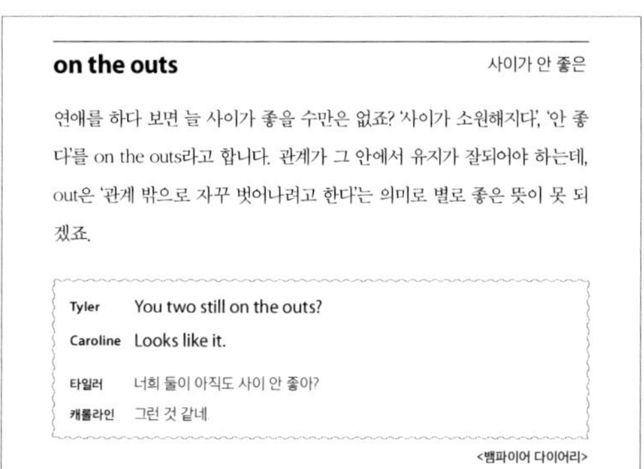

on the outs 사이가 안 좋은

연애를 하다 보면 늘 사이가 좋을 수만은 없죠? '사이가 소원해지다', '안 좋다'를 on the outs라고 합니다. 관계가 그 안에서 유지가 잘되어야 하는데, out은 '관계 밖으로 자꾸 벗어나려고 한다'는 의미로 별로 좋은 뜻이 못 되겠죠.

Tyler You two still on the outs?
Caroline Looks like it.

타일러 너희 둘이 아직도 사이 안 좋아?
캐롤라인 그런 것 같네.

<뱀파이어 다이어리>

배울 표현들이 등장합니다. 자세한 뉘앙스와 문법, 문화, 비슷한 표현을 설명합니다. 미드에서 실제로 쓰인 대사를 예문으로 실었습니다. 대화문의 경우, 미드 속 캐릭터의 이름으로 표기되어 있습니다.

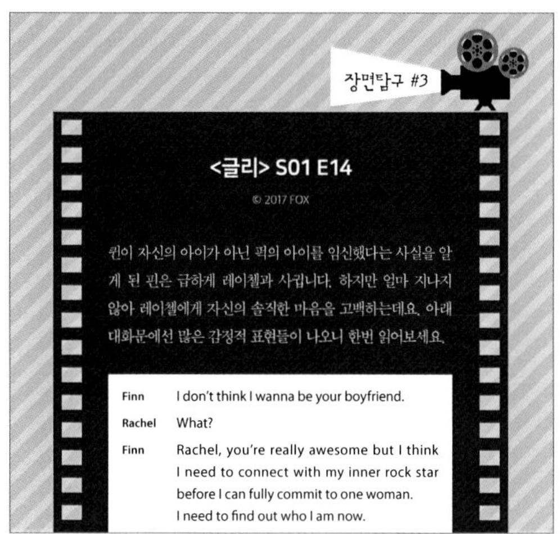

'장면 탐구'에서는 드라마의 제목, 시즌, 회차가 나와 있습니다. 장면에 대한 간략한 설명과 함께 표현이나 문법 설명이 들어가고, 대화문이 나옵니다. 이 파트는 특별히 성우 분들의 열연으로 마치 장면 속에 들어가 있는 것 같은 현장감과 생동감 있는 대화를 선사합니다.

'연습해보기'에서는 앞서 배웠던 내용 중, 자주 쓰게 될 표현들만 골랐습니다. 써본 후 맨 뒤에 있는 정답지로 정답을 맞춰보고, 한 문장씩 말해보세요. 녹음 파일을 들으면서 다시 한 번 복습하세요.

이 책에 쓰인 드라마 리스트

제목	장르	시즌	난이도
Bates Motel	드라마/호러/미스터리	5	★★
Bones	코미디/범죄/드라마	12	★★★
Breaking Bad	범죄/드라마/스릴러	5	★★
Criminal Minds: Beyond Borders	범죄/드라마/미스터리	2	★★★
CSI Las Vegas	범죄/드라마/미스터리	15	★★★
Doctor Foster	드라마	2	★
Girls	코미디/드라마	6	★★
Glee	코미디/드라마/뮤지컬	6	★
Gossip girl	드라마/로맨스	6	★★
Jessica Johns	액션/범죄/드라마	2	★★
Legion	액션/드라마/SF	2	★★★
Limitless	코미디/범죄/드라마	1	★★
Lost	모험/드라마/판타지	6	★
Modern Family	코미디/로맨스	9	★
Nikita	액션/범죄/드라마	4	★★
Once upon a Time in Wonderland	모험/드라마/판타지	1	★
Quantico	범죄/드라마/미스터리	2	★★★
Riverdale	범죄/드라마/미스터리	2	★★
Seinfeld	코미디	9	★★

제목	장르	시즌	난이도
Sex and the City	코미디/드라마/로맨스	6	★★
Sherlock	범죄/드라마/미스터리	4	★★★
Stranger Things	드라마/판타지/호러	2	★
Suits	코미디/드라마	7	★★★
Supernatural	드라마/판타지/호러	13	★★
That '70s Show	코미디/로맨스	8	★★
The Big Bang Theory	코미디/로맨스	12	★★★
The Good Wife	범죄/드라마/미스터리	7	★★★
The Last Man on Earth	액션/코미디/드라마	3	★★
The Office	코미디	9	★★★
Ugly Betty	코미디/드라마/로맨스	4	★★
Vampire Diary	드라마/판타지/호러	8	★
Walking Dead	드라마/호러/스릴러	8	★

* 시즌은 현재 방영 중이거나 제작이 확정된 시즌까지를 포함합니다.

CONTENTS

Keyword 6 학교생활

Keyword 7 돈 / 거래

Keyword 8 음식 / 술 / 파티

★ GIRLS ★

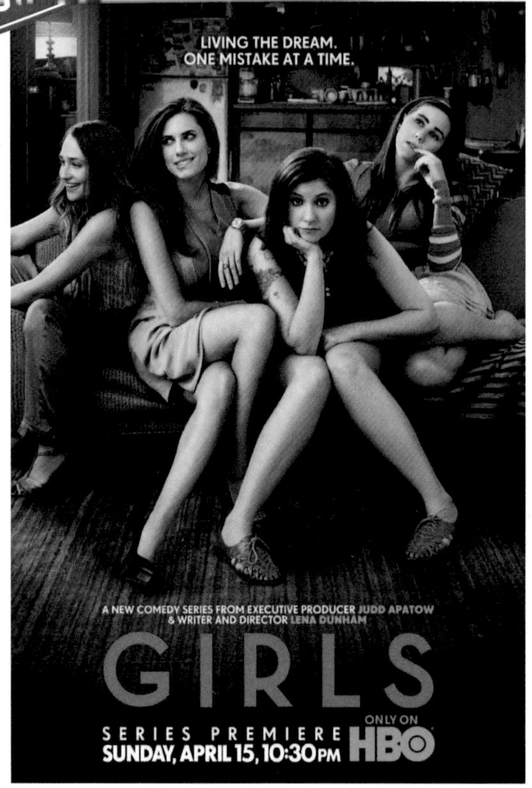

LIVING THE DREAM.
ONE MISTAKE AT A TIME.
A NEW COMEDY SERIES FROM EXECUTIVE PRODUCER JUDD APATOW
& WRITER AND DIRECTOR LENA DUNHAM
GIRLS
SERIES PREMIERE
SUNDAY, APRIL 15, 10:30PM
ONLY ON
HBO

<섹스 앤 더 시티>가 30대 잘나가는 싱글 여성들의 화려한 이야기라면, <걸스>는 방황하는 20대 여성들에 관한 이야기입니다. 그들의 사랑, 우정, 진로와 라이프 스타일을 거침없이 표현한 이 드라마는 미국 20대 취준생들의 공감을 가장 많이 이끌어냈습니다. 또한 주인공 한나가 각본, 연출, 출연까지 도맡아서 이슈가 되었죠.

CAST

- **한나:** 작가 지망생. 부모님으로부터 재정적 지원이 끊긴 상태. 이제는 성인이 되기 위해 자신만의 길을 걷는다.
- **마르니:** 한나의 절친. 사랑과 일 두 마리 토끼를 잡으려고 고군분투한다.
- **제사:** 뉴욕으로 돌아와 사촌동생인 쇼사나와 함께 지낸다. 당돌하고, 어디로 튈지 모른다. 자유분방하다.
- **쇼사나:** 다른 주인공들에 비해서 순진하다. 말이 빠르고 눈치 없지만, 귀여움을 담당하고 있다.

Keyword

1

사랑 / 이별

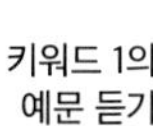

썸

What is up with A and B?

A와 B 무슨 사이야?

'썸탄다'는 something, 즉 둘 사이에 뭔가가 있다는 말인데요. 영어에서는 '썸타냐?'를 What is up with A and B?라고 합니다. Anything(something) going on with you two?라고도 하고요. 그렇다면 '우리 사이엔 뭔가가 있어.'는 영어로 어떻게 말할까요? There is some chemistry between us. / There is something between us.라고 합니다.

What is up with you and Melissa?
당신과 멜리사 썸 타요?

<더 라스트 맨 온 어스>

out of your league

오르지 못할 나무야

맘에 드는 사람이 나타났는데, 너무 과분하거나 오르지 못할 나무라면 out of your league라고 합니다. 이때 league라고 하면, 내가 노는 물이 되는데, 나는 아마추어에서 뛰고 상대는 프로 선수라면, 수준 차이가 날 수밖에 없겠죠.

Haley Hey, check out that cute guy.
Alex He's out of your league.

헤일리	저 귀여운 남자 애 좀 봐봐.
알렉스	언니한텐 과분해.

<모던 패밀리>

have a crush on ~에게 반하다

사랑은 교통사고처럼 일어난다고 하죠? 차에 치이듯 누군가에게 갑작스럽게 반해버렸다면? have a crush on이라고 합니다. 특히 이 표현은 짝사랑이나 내가 좋아하는 걸 상대방이 모르고 있을 때 씁니다.

So I've known for a while now that Leonard has had a little crush on me.

레너드가 나한테 반한 건 한동안 알고 있었어요.

<빅뱅 이론>

There's dan, the outsider looks like his childhood crush has returned.

저기 아웃사이더 댄이 있는데, 그의 어릴 적 짝사랑이 돌아온 것 같네.

<가십 걸>

get attached / got(have) a thing for 정들었다 / 마음에 있다

attach의 원래 의미는 '붙이다, ~에 들러붙다'인데 영어에서는 '정을 붙인다' 또는 '정이 들었다'는 표현을 get attached라고 합니다. 또 got a thing for는 '누군가에게 마음이 있다'는 뜻으로, 과거형으로 씁니다. 앞에서 배운

have a crush on과 비슷한 표현이죠

Luke	Look. If you got a thing for her, good luck. Still don't get attached, trust me.
Malcom	You got attached?
루크	이봐. 네가 그녀에게 관심이 있다면 잘해봐. 그런데 정은 붙이지마. 날 믿어.
말콤	네가 정든 거 아냐?

<제시카 존스>

B's boyfriend nate- rumor has it- he's always had a thing for serena.

소문에 따르면, 블레어의 남친 네이트는 늘 세레나에게 마음을 품고 있었다지.

<가십 걸>

It is real

진심이야

'진심이야'를 영어로 어떻게 쓸까요? My heart is true.가 생각났다면 중수. 그렇다면 고수들이 쓰는 표현은? It is(was) real.입니다. 여기서 It이 가리키는 건 그들이 맺었던 관계나 마음입니다.

Archie	Is it real?
Grundy	Maybe it's not right, but it's real.
아치	진심인가요?
그런디	옳진 않지만, 내 마음은 진심이야.

<리버데일>

be obsessed with

~에게 사로잡히다

누군가에게 사로잡히거나 무언가에 집착할 때, 또는 강박관념에 시달린다는 의미로도 쓰일 수 있습니다.

Hannah That's Powell Goldman, my old writing teacher.
Marnie Yeah, you were obsessed with him.

한나 파월 골드만 씨네. 내 옛날 교수님.
마르니 응, 너 꽤나 저분께 집착했었지.

<걸스>

I got you under my skin

~에게 흠뻑 빠지다

내 피부 깊숙이까지 스며들 정도로 누군가에게 흠뻑 빠졌을 때 쓰는 표현입니다. 하지만 이 표현은 때에 따라서 누군가 살살 기어오르듯이 성가시게 할 때도 쓰일 수 있기 때문에 상황에 따라 해석을 달리해야 합니다.

You can really get under my skin sometimes.
넌 가끔씩 날 정말 짜증나게 해.

<콴티코>

flirting

끼를 부리는

관심 있는 사람에게 시시덕거리거나, 추파를 던지거나, 끼 부린다는 표현을 영어로는 flirting이라고 합니다. 이때 flirt를 명사로도 쓸 수 있는데, '여기저기 관심을 흘리는 사람'을 칭하게 되어 연애 선수, 바람둥이를 뜻하게 됩니다.

(That's) Your way of flirting.
(그게) 네가 끼 부리는 방식이지.

<제시카 존스>

hitting on somebody

~에게 작업 걸다

hit은 '때린다'는 뜻이지만, 그 뒤에 전치사 on만 붙이면 '누군가에게 작업을 건다'는 의미로 쓰이게 됩니다. 비슷한 표현으로는 make a move on somebody / make a pass at somebody(~에게 수작 걸다)가 있는데, 이 표현은 주로 작업자가 목적이 있을 때 씁니다.

This is exciting, being hit on.
작업 당하다니 신난다.

<걸스>

I'm sick and tired of you hitting on Carol.
당신이 캐롤한테 작업하는 것에 무지 질렸어요.

<더 라스트 맨 온 어스>

play hard to get

튕기다

누군가 내 뜻대로 안 움직이고, 어렵게 굴면서 이리저리 튕긴다면? playing hard to get이라고 합니다. 비슷한 표현으로는 온탕과 냉탕을 오간다 해서 playing hot and cold는 '밀당하다'라는 뜻입니다.

Do you know how many hours I've spent searching for you?
I hate it when you play hard to get.

내가 얼마나 많은 시간을 너 찾는데 쓴 줄 알아? 네가 튕길 때마다 난 너무 싫어.

<가십 걸>

ask someone out on a date

~에게 데이트 신청하다

이 표현은 통째로 외워야 합니다. 한 단어라도 빠뜨리면 의미가 만들어지지 않습니다. 데이트 신청하기 참 어렵죠? 표현이 너무 길다면 ask someone out으로 줄여 써보세요.

I wanted to ask you out on a date.

당신에게 데이트 신청하고 싶었어요.

<오피스>

get a shot at

기회를 얻다

get a shot은 '주사를 맞다.' get a shot at은? 무언가에 있어서 '기회를 얻다'라는 의미로 get an opportunity와 같습니다.

Dan	So (you) think I got a shot at a second date?
Serena	Well, I don't think you could top this one.
댄	두 번째 데이트에서 만회할 기회를 얻을 수 있을까?
세레나	음, 이번 데이트를 능가하긴 어려울 것 같은데.

<가십 걸>

out of the blue

우연히

once in a blue moon 직역하면 가끔씩 뜨는 푸른 달, 즉 '아주 가끔, 거의 일어나지 않을 법한 일'이란 의미가 있듯이, 맑고 푸른 하늘에 번개가 친다면 더 뜬금없겠죠? 그래서 out of the blue는 '우연히', '뜬금없이'라는 의미로, suddenly / out of a sudden과 같은 의미로 쓰입니다.

I'm buying you a drink. I was, uh, 300 miles away, at Baldy Lake, fishing. It was my day off. And for some reason, just out of the blue, I had this image of you.

지금은 당신에게 술을 사고 있지만 아깐 300마일 떨어진 호수에서 낚시하고 있었어. 쉬는 날이었거든. 왜 그랬는진 모르겠는데, 갑자기 당신 생각이 나더라고.

<굿 와이프>

연애

How long have you guys(two) been together?

너희 둘이 얼마나 오래 사귀었어?

영어로 얼마나 오래 사귀었는지를 물어보는 표현으로 How long have you two been seeing each other? / How long have you guys been dating?으로 바꿔쓸 수 있습니다.

> How long have you guys been together?
> 둘이 사귄 지 얼마나 됐어?

<콴티코>

match

짝

match는 '짝', '시합', '성냥', '적수', '일치하다', '어울리다'의 뜻이 있습니다. Match made in heaven. 하늘에서 만들어준 짝, 천생연분으로 많이 쓰이고, 잘 어울리는 한 쌍을 봤을 땐 You two are a perfect match.라고도 하죠.

> I'm the only one who matches you.
> 내가 너에게 어울리는 유일한 사람이야.

<제시카 존스>

You two make a cute couple
둘이 잘 어울린다

너희 둘이 귀여운 커플이다? 실제 의미는 '둘이 잘 어울린다'는 말입니다. 비슷한 표현으로는 You two (really) hit it off.(너희 둘이 죽이 잘 맞는다.) / They look good together.(그 둘이 서로 좋아 보인다.)

> You two make a cute couple!
> 둘이 잘 어울린다!

<굿 와이프>

off the market
품절된

연애 중, 남친/여친이 생겼다는 표현을 영어에선 off the market이라고 합니다. 즉 시장에서 더 이상 팔지 않고 '품절됐다', '임자가 생겼다'는 의미죠. 비슷한 표현으로 He is already taken. / He is already spoken for.가 있습니다.

> You tell everybody that Phil Miller is off the market.
> 당신 모든 사람한테 말해요. 이제 품절남 됐다고.

<더 라스트 맨 온 어스>

exclusive
독점적인

exclusive는 신문이나 방송에서 독점 공개한다는 의미로 많이 쓰이는 단어인데요. 관계에서도 마찬가지입니다. 서로를 소유할 수 있는 독점권이 생겼다는 의미로 받아들여집니다.

You didn't think that we were exclusive, did you?
당신 혹시 우리 사귀는 걸로 생각했던 건 아니지?

<글리>

rosebud

장미 봉오리

우리나라 표현에는 핑크빛 만남이라는 게 있죠. 비슷한 의미로 서양에서는 장미의 붉은빛이 로맨틱과 관련 있습니다. 그래서 rosy가 '장밋빛 미래', '희망적인'이란 뜻이 있습니다.

I feel like I'm sleeping in a rosebud. I'm so gone on this man.
마치 장미 봉오리에서 자는 기분이라고. 나 토마스한테 푹 빠졌어.

<걸스>

honeymoon phase

신혼기

이제 막 사귀기 시작하여 꿀 떨어질 때나 신혼기를 honeymoon phase라고 합니다.

We're literally in the honeymoon phase.
말 그대로 저희 신혼이에요.

<더 라스트 맨 온 어스>

opposites attract 정반대가 끌리다

'극과 극이 통한다', '서로 반대되는 사람끼리 끌린다'는 표현입니다. 아래 macking은 flirting과 비슷한 의미로 쓰입니다.

> Spotted S and lonely boy macking in the meat packing.
> Opposites do attract, but how long?
>
> 세레나와 외로운 소년이 미트 패킹에서 꽁냥거리는 게 목격됐어.
> 정반대는 끌린다고 하지. 하지만 얼마나 오래갈까?

<가십 걸>

wear one's heart on one's sleeve 마음을 드러내다

심장을 소매에 달아놓고 다닐 정도면 모두가 볼 수 있겠죠? 이렇듯 이 표현은 자신의 마음을 동네방네 소문내고 자랑하는 팔불출을 떠올리면 되는데요. 그 정도로 '속마음이나 감정을 숨기지 않고 드러낸다'는 뜻입니다.

> **Nate** Look, I haven't worn this sweater in, like, forever, and I, uh, I just pulled it out today, and found this.
>
> **Blaire** It's my pin. I sewed it there so you'd always have my heart on your sleeve.
>
> **네이트** 이 스웨터 오랫동안 안 입다가 오늘 꺼냈는데, 이걸 발견했어.
>
> **블레어** 내 핀이네. 소매에 항상 내 마음을 달고 다니라며 붙여줬지.

<가십 걸>

on the outs

사이가 안 좋은

연애를 하다 보면 늘 사이가 좋을 수만은 없죠? '사이가 소원해지다', '안 좋다'를 on the outs라고 합니다. 관계가 그 안에서 유지가 잘되어야 하는데, out은 '관계 밖으로 자꾸 벗어나려고 한다'는 의미로 별로 좋은 뜻이 못 되겠죠.

Tyler	You two still on the outs?
Caroline	Looks like it.
타일러	너희 둘이 아직도 사이 안 좋아?
캐롤라인	그런 것 같네.

<뱀파이어 다이어리>

<더 라스트 맨 온 어스> S02 E03

지구상에 혼자 남은 줄만 알았던 필은 최초의 여자 캐롤을 만나 억지로 결혼생활을 하다가, 두 번째로 나타나는 아름다운 멜리사를 보고 반하지만, 뜻대로 되지 않습니다. 하지만 또 다른 매력적인 남자 필(동명이인)이 등장하면서 캐롤에게 관심을 보이게 되는데요. 필은 없던 질투심이 생기기 시작합니다. 아래 대화문의 all over someone은 '누군가에게 엄청 들이댄다'는 뜻이고, 우리나라 말로 '둘이 한 세트야(커플).'를 영어로는 item이라고 표현합니다.

Phil	So, uh, what's up with friggin' Phil? You know, now that he thinks I'm dead. He's probably all over you. Right?
Carol	Oh, no. He and Erika are an item now. He has totally moved on.
필	그래서 그 필은 어찌 지내? 내가 죽은 줄 알테니. 아마 당신한테 엄청 들이대고 있을 것 같은데. 맞지?
캐롤	아니. 그와 에리카는 이제 한 세트야. 날 완전히 잊었더라고.

이별

It's over 끝났어

It's over는 주로 연인관계가 끝났을 때 쓰는 표현입니다. 그럼 end와 finish는 언제 쓰일까요? end는 경기, 관계, 영화가 완전히 끝났을 때 The relationship ended.(관계가 끝났다.) / The movie ended.(영화가 끝났다.) finish는 수업이나 일이 끝났을 때 씁니다. The class finishes at 4pm.(수업이 4시에 끝나.) / I finished my homework.(숙제 끝냈어요.)

It's over.
끝났어.

<제시카 존스>

break up with someone ~와 헤어지다

break up은 관계를 깬다고 해서 '이별한다'는 말이 됩니다. 비슷한 표현으로는 split up이 있습니다. 이때 split up은 이미 헤어지고 완전히 남이 된 상태를 가리킵니다.

Marnie has to stop whining and break up with him already.
마르니는 이제 그만 징징거리고 남친이랑 빨리 헤어져야 할 텐데.

<걸스>

Skyler	How's Denise doing?
Ted	We split up about a year ago.
스카일러	데니스는 잘 지내요?
테드	우린 1년 전에 헤어졌어요.

<브레이킹 배드>

That's why I'm upset. You just broke up with me over text. In the middle of a conference.

그래서 화난 거야. 넌 문자로 나한테 헤어지자고 했지. 그것도 회의 중에.

<리미트리스>

not see each other anymore 더 이상 만나지 않다

이별을 조심스럽게 꺼낼 수 있는 표현으로는 뭐가 있을까요? Let's not see each other anymore. '우리 이제 보지 말자.'라는 표현이 직설적이라면, I don't think we should see each other anymore. '우리 더 이상 안 보는 게 서로에게 좋을 것 같아.'라는 의미로 조금 완화됩니다.

I came here to say that I don't think we should see each other anymore.

우리 더 이상 서로 안 보는 게 좋을 것 같아. 그 말 하러 왔어.

<걸스>

dump someone / got dumped

차다 / 차이다

쓰레기를 내다버리는 차를 덤프트럭이라고 하죠? 이때 덤프가 버린다는 의미가 있습니다. 그래서 누구를 '차다' 또는 수동태로 '차인다'는 표현으로도 쓸 수 있죠.

Jessa	Actually, I don't even know why he wants to see me, he dumped me.
Jeff	Ha! Seriously?
제사	사실 그가 날 왜 보고 싶어 하는지 모르겠어. 날 찼거든.
제프	하! 정말?

<걸스>

You are a catch!

너 정도면 정말 괜찮지!

낚시를 하다가 대어를 낚았을 때의 기분과 비슷하다고 보면 되겠습니다. 정말 괜찮은 사람을 봤을 때, '놓치기 아까운 사람'이란 의미로 쓸 수 있습니다. 비슷한 표현으로 She is a real find.도 있습니다.

I think Greg is crazy because you Melissa are a catch!

그렉은 정신 나간 것 같아요. 멜리사 같은 여자를 놓치다니.

<더 라스트 맨 온 어스>

be better off

더 잘살다

'잘살 거야', '잘 지낼 거야.' 보통 헤어지는 상대에게, 또는 헤어진 친구를 위로할 때 쓰는 표현입니다. 이 말을 함으로써 헤어지는 게 더 이득일 거라는 의견을 넌지시 내비치는 겁니다.

You're better off without me.
넌 나 없이도 잘살 거야.

<더 라스트 맨 온 어스>

She doesn't appreciate you

그녀는 너의 가치를 몰라

appreciate는 '감사하다', '감상하다'라는 뜻이 있는데, 여기선 누군가를 고마워하지 않고, 당연시 여기고, 그 사람의 진가를 몰라준다는 의미입니다.

I'm glad you got away from her.
She doesn't appreciate you. Never did.

난 네가 그녀에게서 벗어나서 다행이라고 생각해.
그녀는 너의 가치를 몰라줬거든. 절대.

<가십 걸>

move on

잊다, 정리하다

'사랑은 움직이는 거야'라는 말처럼, 마음이 다른 곳으로 움직인다면? 네 맞습니다. 바로 '갈아타다', '잊어버리다', '새 출발 하다'라는 뜻이 됩니다. 친구가 헤어졌을 때 해줄 수 있는 적절한 말이죠. Move on!(잊어버려!) / Get over it!(이겨내!)

Nate, after what you pulled on my birthday, the only thing we should be doing together is moving on.

네이트, 네가 내 생일에 한 짓을 생각하면, 우리가 해야 할 일은 정리뿐이야.

<가십 걸>

장면탐구 #2

<걸스> S01 E07

찰리가 마르니와 헤어지고 2주도 안 돼서 새 여친을 만들자 화가 난 마르니. sort of는 kind of와 비슷한 의미로, '좀'으로 해석되고, clicked는 '서로 통했다' hit it off와 비슷한 표현입니다.

Marnie	What is going on with this? It's been two weeks.
Charlie	Uh.. Yeah.
Marnie	It happened in two weeks?
Charlie	Yeah, no I guess, we just met and sort of clicked.
마르니	이거 어떻게 된 거야? 2주 됐잖아.
찰리	응.
마르니	2주 사이 일이 벌어졌다고?
찰리	응, 아니. 그냥 만났는데 좀 통했어.

바람

fling

불장난

fling이란 사귀는 사이는 아니지만, 교제 시 누릴 수 있는 것들을 누리는 관계를 말합니다. 썸보다는 불건전하며, 가벼운 불장난, 잠깐의 외도에 가깝습니다.

> What is this relationship? I mean, three months, is it a fling?
> 도대체 무슨 관계야? 내 말은, 세 달이잖아. 단순한 불장난이야?

<닥터 포스터>

have an affair

불륜을 저지르다

affair는 기본적으로 어떤 '일', '사건'의 뜻이 있지만, love affair라고 하면 '불륜'이 됩니다. '바람을 피우다'의 또 다른 표현은 cheat on somebody가 있습니다.

> You're having an affair, aren't you? I'm convinced of it.
> 당신 바람피우고 있지! 아니야? 난 확실한데.

<닥터 포스터>

do drama
드라마를 찍다

영어로 '드라마를 찍는다'는 표현은 우리나라 식으로 따지면 '막장 드라마를 찍는다'는 의미와 같습니다. 파란만장하게 연애를 즐긴다는 말이죠.

I don't mess with married women. I don't do drama.
난 유부녀랑 얽히지 않아. 드라마 같은 건 안 찍는다고.

<제시카 존스>

a late bloomer
늦바람이 들다

bloom은 피어난다는 뜻인데, late bloomer는 늦게 피어난다고 해서 '대기만성형 인간', 또는 사회에서의 '늦깎이' 아니면 문맥에 따라서 '늦바람이 난다'는 안 좋은 의미도 있습니다.

I guess I was a late bloomer.
내가 늦바람이 났나봐.

<가십 걸>

got stood up
바람맞다

누군가를 만나기로 했는데 상대방이 약속 장소에 나타나지 않는다면? be(got) stood up 바람 맞았다고 합니다. 선 채로 계속해서 기다렸다는 말에서 생겨났는데요. 마찬가지로 blow somebody off도 '~를 바람맞히다'라는 뜻입니다.

Sue My date will be here any minute.

Waitress Your date's not coming. You got stood up.

수 데이트 상대가 여기로 곧 올 거예요.

웨이트리스 오지 않을 거예요. 당신 바람맞았거든요.

<글리>

---

a third wheel

제3자

두 바퀴로도 멀쩡하게 굴러가는 자전거인데, 어딘가에 작은 바퀴 하나가 더 달려 있다고 생각해보세요. 쓸모없겠죠? 베프가 애인이 생겼는데 셋이 같이 놀러가자고 한다면, I don't want to be a third wheel. 이렇게 대답하면 되겠습니다. 재미난 표현이죠.

You know, I've been thinking, and I think we should go out. Just you and me this time. No third wheel.

생각해봤는데 말이야, 우리 데이트해야 되겠어. 이번엔 너하고 나만. 제3자 없이.

<글리>

연습해보기

01. 당신과 멜리사 썸 타요?

02. 그는 오르지 못할 나무야.

03. 진심이야.

04. 네가 튕길 때마다 난 너무 싫어.

05. 너에게 데이트 신청하고 싶어.

06. 둘이 사귄 지 얼마나 됐어?

07. 둘이 잘 어울린다!

08. 필 밀러는 이제 품절남 됐어요.

09. 너희 둘이 아직도 사이 안 좋아?

10. 끝났어.

11. 우리 더 이상 안 보는 게 좋을 것 같아.

12. 그가 날 찼어.

13. 너 정도면 정말 괜찮지!

14. 그녀는 너의 가치를 몰라.

15. 잊어버려.

16. 당신 바람피우고 있지, 아니야?

17. 나 바람맞았어.

★ Doctor Foster ★

놓치지 말아야 할 명품 심리 드라마

- 영국 BBC One에서 방영, 천만 명의 시청자 기록!
- 2016년 NTA(National Television Awards)에서 슈란느 존스 여우 주연상 수상!
- 베스트 신규 드라마 상과 베스트 퍼포먼스 상 수상
- 회당 평균 8백만 명의 시청자, 31.4%의 점유율을 기록

우리나라에선 KBS를 통해 2016년 방영되었는데요. 섬세함이 돋보이는 수작으로 고급스러운 감성 연출과 아내 젬마의 심리 묘사가 눈을 뗄 수 없을 정도로 흥미진진하게 그려졌습니다.

CAST

◆ **젬마 포스터:** 14년 전 사이먼을 런던에서 만난 후, 도시 생활을 포기하고 외곽에 위치한 남편의 고향으로 내려왔다. 늘 꿈꿔왔던 가정을 이루기 위해. 의사이자 11살 소년의 한 엄마로 그녀는 자신의 삶이 완벽하다고 확신하고 있었다. 남편의 셔츠에서 다른 여자의 금발 머리카락을 발견하기 전까진….

◆ **사이먼 포스터:** 부동산 개발업자인 사이먼은 자신의 고향으로 내려와 정착하는 듯 보였다. 그리고 가정에 충실한 남편이자 자상한 아빠로도 보였다. 하지만 젬마로 인해 그의 숨겨왔던 비밀이 하나 둘씩 파헤쳐지는데….

Keyword

★ ★ ★ 2 ★ ★ ★

기분 / 성격

★

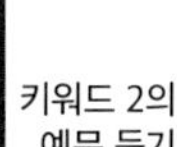

기분

I'm not in the mood　　지금 그럴 기분 아니야

'나 지금 그럴 기분 아니야'를 영어로 한다면? I'm not in the mood. 반대로 '그러고 싶은 기분이다', '그런 것에 끌리는 기분이다'는 I'm in the mood.라고 합니다.

I'm really not in the mood.
나 지금 그럴 기분 아니거든.

<제시카 존스>

I'm just in that kind of mood.
난 지금 그런 거에 끌려.

<걸스>

ups and downs　　감정기복

ups and downs 감정이 오르락내리락거리면 '감정기복'을 뜻하겠죠? 비슷한 의미로 She has mood swings.도 감정이 그네를 타듯 왔다 갔다 한다고 해서 역시 '감정기복이 심하다'는 의미로 쓰입니다.

I know you gals have your ups and downs I get it.
알아. 너희 감정기복 있는 것 다 이해해.

<브레이킹 배드>

be pissed at

~에게 짜증난, 삐진

'나한테 화났어?'를 영어로 하면 Are you mad at me?를 많이 떠올리는데, mad는 '화가 단단히 났다'는 의미. 그보다 가벼운 의미로는 Are you pissed at me?(나한테 삐졌어?) / Are you pissed off?(짜증났어?) 등이 있습니다.

You're pissed at her.
넌 그녀에게 짜증나 있어.

<제시카 존스>

cranky

짜증난

cranky는 '짜증난', '심술부리는'이란 뜻으로 보통은 피곤해서 짜증이 난 상황에서 쓰입니다. 앞서 배웠던 pissed off와 비슷한 의미를 가진 속어입니다.

Why are you so cranky?
왜 이렇게 예민하게 굴어요?

<더 라스트 맨 온 어스>

pout

삐지는, 뾰로통해지는

화가 나서 입술을 삐죽 내밀 수도 있고, 안젤리나 졸리의 입술처럼 보이기 위해서 입술을 볼록하게 내밀 수도 있지만, 보통은 '짜증나서 뾰로통해진다'는 의미로 쓰입니다.

You're not going to pout, are you? I hate it when men pout.
뾰로통해지지 않을 거지? 남자들이 그럴 때 너무 싫더라.

<굿 와이프>

lose one's temper 화를 내다

temper는 '성질'이란 뜻으로, 자신의 성질머리를 못 이겨서 '화가 났다'는 표현입니다. 반대로 '화를 참다'는 control one's temper, '감정을 자제한다'는 표현은 holding back이라고 합니다.

I lost my temper.
내가 정신을 잃었었어.

<제시카 존스>

furious 격분한, 분노한

<Fast & Furious>라는 영화 보셨나요? 빈 디젤이 나온 <분노의 질주> 영문 제목입니다. 화난 강도에 따라서, upset(기분 상한) < mad, angry(화난) < furious, outraged(격분한). 골라 쓸 수 있겠죠.

He's gonna be furious.
그가 무지 화날 것 같아요.

<글리>

scare someone / be freaked out ~를 놀라게 하다 / 놀라다

누군가 날 놀라게 했다면 You scared me라고 쓸 수 있지만, 너무 놀란 걸 강조하고 싶을 땐? 사이에 the shit out of를 쓰면 됩니다. freaked out은 공포에 질려서 '식겁했다'는 의미 외에도 일상생활 속에서 겁을 먹거나, 당황했을 때도 많이 쓰입니다.

God damn it. You scared the shit out of me.
젠장. 너 때문에 깜짝 놀랐잖아.

<제시카 존스>

I know. It's really freaking me out.
알아. 정말 겁난다고.

<글리>

I got chills 오싹거렸다

chills는 한기, 오한, 오싹한 느낌을 말하는데, I got chills라고 하면 '소름이 돋는다' 한기가 느껴질 정도로 '오싹거린다', 몸이 떨릴 정도로 '아찔하다'를 말합니다.

I got chills.
몸이 아찔했어.

<글리>

creepy

오싹한, 소름끼치는

공포 영화를 봤을 때 등줄기가 오싹해진다면 scary란 단어 대신 creepy를 한번 써보세요. 오싹한 느낌을 주는 사람한테도 쓸 수 있습니다.

Not only did I find you very creepy, but I also found you really boring.

넌 오싹할 뿐만 아니라 정말 지루해.

<걸스>

be intimidated

겁을 먹은, 주눅이 든

intimidated는 특정 상황에서 겁이 나거나 주눅이 들 때, 극도로 긴장했을 때 쓰입니다. 상견례나 훈련소, 오디션 장 등이 예가 될 수 있겠죠.

He's just intimidated by you, Daddy.

핀은 그저 아빠한테 겁을 먹은 거예요.

<글리>

장면탐구 #3

<글리> S01 E14

© 2017 FOX

퀸이 자신의 아이가 아닌 퍽의 아이를 임신했다는 사실을 알게 된 핀은 급하게 레이첼과 사귑니다. 하지만 얼마 지나지 않아 레이첼에게 자신의 솔직한 마음을 고백하는데요. 아래 대화문에선 많은 감정적 표현들이 나오니 한번 들어보세요.

Finn I don't think I wanna be your boyfriend.

Rachel What?

Finn Rachel, you're really awesome but I think I need to connect with my inner rock star before I can fully commit to one woman.
I need to find out who I am now.

Rachel I'll tell you who you are.
You're a scared little boy.
You're afraid of dating me because you think it might hurt your reputation though, which you'd never admit it is very important to you.
You hate what Quinn did to you, not just because it hurt you but because it was so humiliating.

Finn You're freaking me out.
It's like you're inside my head right now.

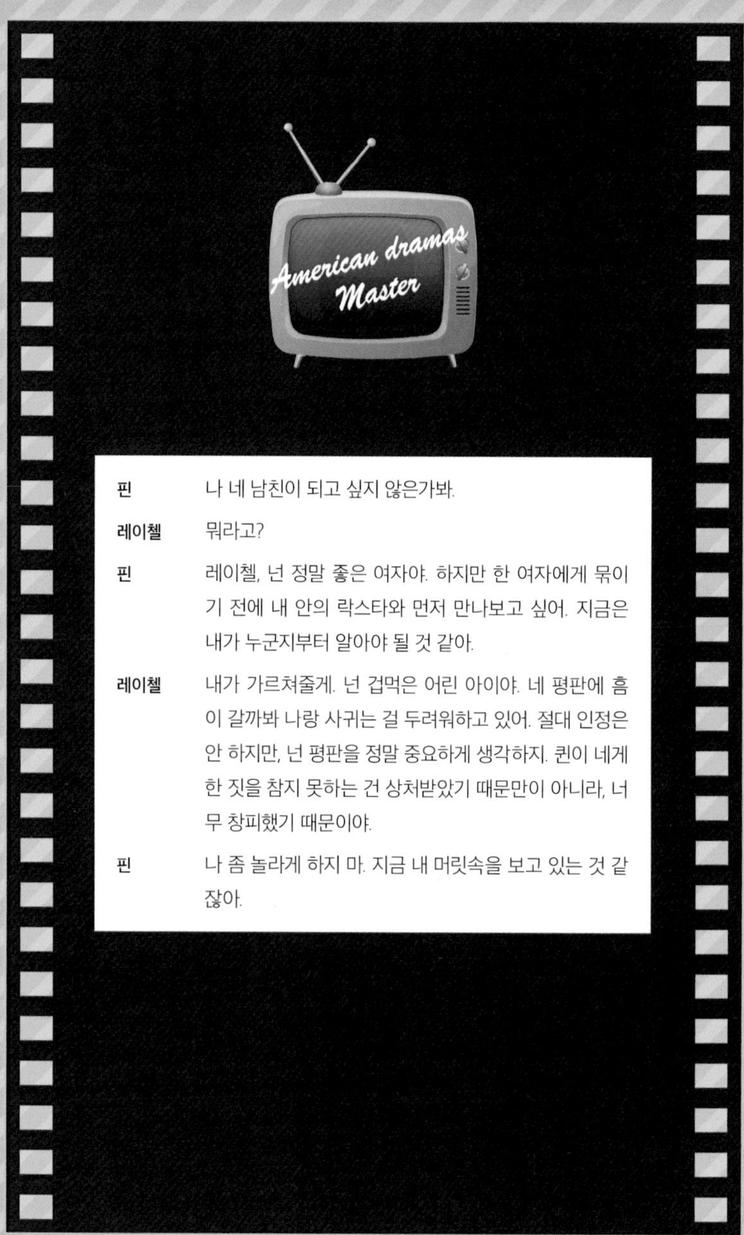

핀 나 네 남친이 되고 싶지 않은가봐.

레이첼 뭐라고?

핀 레이첼, 넌 정말 좋은 여자야. 하지만 한 여자에게 묶이기 전에 내 안의 락스타와 먼저 만나보고 싶어. 지금은 내가 누군지부터 알아야 될 것 같아.

레이첼 내가 가르쳐줄게. 넌 겁먹은 어린 아이야. 네 평판에 흠이 갈까봐 나랑 사귀는 걸 두려워하고 있어. 절대 인정은 안 하지만, 넌 평판을 정말 중요하게 생각하지. 퀸이 네게 한 짓을 참지 못하는 건 상처받았기 때문만이 아니라, 너무 창피했기 때문이야.

핀 나 좀 놀라게 하지 마. 지금 내 머릿속을 보고 있는 것 같잖아.

I'm depressed

나 우울해

실제 대화에서 많이 쓰이는 단어입니다. 함께 어울리는 동사로는 I got depressed. / I'm depressed. / I felt depressed. 정도가 있습니다. 우울증은 depression 또는 black dog이라고도 부릅니다. 서양 풍습에서는 오래전부터 개를 우울증과 연관시켜왔는데, 개가 땅을 파는 모습이 죽음과 관련 있다고 여겼기 때문입니다.

I'm kind of depressed.
나 좀 우울해.

<글리>

Why the long face?

왜 우울해?

☹ 옆의 얼굴 표정을 보면 입 꼬리가 내려가 있죠? 입 꼬리가 길게 내려갈수록 슬프고 우울해 보인다고 해서, long face는 긴 얼굴이라기 보단 '우울한'이란 의미를 가지고 있습니다.

Guys! Why the long faces here?
얘들아! 왜 우울한 얼굴 하고 있어?

<브레이킹 배드>

장면탐구 #1

<글리> S01 E12

글리 클럽을 지도하는 데 푹 빠져 자신을 소홀히 여긴다고 생각한 윌의 아내 테리는 임신했다고 그동안 윌을 속여옵니다. 윌은 이 사실을 결국 알아내고 충격에 빠집니다. '패닉했다'(겁에 질려 어쩔 줄 모르다)는 그대로 써서 I panicked. insane은 crazy와 같은 의미입니다.

Will Are you happy? Are you satisfied?

Terri It didn't start as a lie.
I really thought I was pregnant.
And then the doctor, he said it was a hysterical pregnancy and I just panicked.

Will This is insane.

윌 행복해? 그래서 이제 만족해?

테리 처음부터 거짓말로 시작한 건 아니었어.
난 정말 내가 임신한 줄 알았어. 그런데 의사가 내가 상상 임신이라고 말하는데, 나도 어쩔 줄 몰랐어.

윌 이건 미친 짓이야.

psyched

신난, 들뜬

앞에 psy 글자를 발음하면 [싸이]라고 읽어요. '싸이' 하면 '강남 스타일'이 떠오르죠? 이 형용사는 미쳐버릴 정도로 '신난', '들뜬'이란 의미가 있으니, 가수 싸이와 연관시켜서 외우도록 합니다.

You must be so psyched.
몹시 들떴겠구나.

<브레이킹 배드>

jazzed (up)

신난, 들뜬

재즈를 들으면 몸이 들썩이게 되죠? 앞의 psyched와 비슷한 의미로 jazzed 역시 형용사로 '신난'이란 뜻이에요. 뒤에 up은 생략해도 됩니다.

I'm so jazzed.
너무 신난다.

<더 라스트 맨 온 어스>

flattering

매우 기분 좋은 말

flattering은 '아첨을 하는', '비위를 맞추는' 이런 뜻이 있지만, 누군가 칭찬했을 때 거기에 대한 예의 있는 응답으로도 많이 쓰입니다. 예를 들면 You are the most beautiful person I've ever met.(내가 여태 본 사람 중에 당신이 가장 예뻐요.)라고 했다면, I'm flattered.(기분이 매우 좋군요.) / That's very flattering.(매우 기분 좋은 말이네요. 과찬이세요.) 이렇게 대답해주면 되겠죠.

> That's very flattering.
> 매우 기분 좋은 말이군요.

<리미트리스>

be moved

감동을 받다

'감동하여 마음이 움직였다'는 뜻으로, 비슷한 표현으로는 마음에 와 닿았다고 해서 be touched가 있습니다. I'm so touched.(나 너무 감동받았어.)

> I'm very moved.
> 나 너무 감동받았어.

<걸스>

feel smothered

숨 막히는

smother는 지나친 애정이나 과잉보호로 숨 막혀서 부담스러워짐을 뜻하는데, 과중한 업무와 책임으로 어깨가 무겁다면, I feel so burdened. 정신적인 스트레스나 압박을 느낀다면, I feel so much pressure.라고 씁니다.

> I'm starting to feel smothered.
> 부담스러워지려고 해요.

<모던 패밀리>

stressed out

스트레스 받은

I have stress.(나 스트레스 있어.) 외에도, 회화에선 I'm stressed out.을 많이 씁니다. 뿐만 아니라 stress와 out 사이에 대상을 넣어줌으로써 누가 스트레스를 받았는지도 써줄 수 있습니다. 아래 예문을 확인해보세요.

Michael Do I stress you out?
Dwight Nothing stresses me out.

마이클 내가 너에게 스트레스 주니?
드와이트 그 어떤 것도 저에게 스트레스를 주지 않아요.

<오피스>

You're having a breakdown

넌 아주 힘든 상태야

슬럼프를 겪고 있거나 안 좋은 상태일 때, 정신적으로 힘들 때, 제 정신이 아닐 때 You're having an (emotional) breakdown.이라고 합니다.

You're having a breakdown, a stress response.
넌 지금 상태가 아주 안 좋아. 스트레스에 대한 반응으로.

<리전>

draining
소모적인

배수관을 drain이라고 하는데요. 싱크대에서 물이 내려가는 모습을 상상해보세요. 그리고 그것이 내가 가진 에너지라고 생각해보세요. 에너지가 물 내려가듯이 빨려나가는 느낌을 draining이라고 보면 됩니다. 힘이 빠질 때, 몹시 지쳐 있을 때 쓰는 단어입니다.

I can't explain basic truths to him. It's too draining.

난 기본적인 진실도 설명 못 하겠어. 너무 소모적이거든.

<걸스>

장면탐구 #5

<원스 어폰 어 타임 인 원더랜드> S01 E11

레드퀸이 왕좌를 이어받기 위해서는 남자를 뒷전으로 둬야 한다고 생각하는 과거의 여왕, 코라는 레드퀸이 윌을 몰래 만나 도망가려는 현장을 붙잡습니다. 우리가 긴장하거나 겁을 먹게 되면 손발이 차가워지죠? 중요한 계획을 앞두고 갑자기 겁이 나거나 긴장될 때, getting cold feet을 씁니다.

Cora	Getting cold feet?
Red Queen	Your Majesty. I was... I was having the hardest time with my gown.
Cora	Don't lie to me. You're about to make a terrible mistake.
Red Queen	No. No, I'm about to fix one. I only hope I'm not too late.
코라	겁먹고 있니?
레드퀸	저…, 전하. 옷 때문에 힘들어서요.
코라	거짓말 마라. 넌 끔찍한 실수를 하려는 거야.
레드퀸	아니요! 저는 고치려는 거예요. 너무 늦지 않았길 바랄 뿐이에요.

성격

self involved
자기중심적인

'이기적이다'라고 할 때 떠오르는 단어가 selfish밖에 없다고요? 그렇다면 아직 갈 길이 멉니다. '자기 자신한테 지나치게 집중되어 있다'는 의미로 self involved / self centered를 쓰는데, 모두 '자기중심적인'이란 뜻입니다.

You are so self involved.
넌 너무 너밖에 몰라.

<걸스>

withdrawn
내성적인, 거리를 두는

withdraw의 뜻은 '물러나다', '철수하다', '(돈을) 인출하다' 여러 가지가 있지만, 성격적으로 쓰일 땐 거리를 두면서 물러나는 사람을 가리켜 '거리를 두는 사람', '내성적인'이란 의미로 쓰입니다.

He's been withdrawn lately.
그가 요즘 거리를 둬요.

<브레이킹 배드>

hard ass

다루기 힘든 사람

못되고 빡빡하게 구는 사람을 가리켜 hard ass라고 합니다. 영어로 ass는 엉덩이를 뜻하는데요. 어떤 말에 ass가 들어가면 격한 속어가 되므로, 좋은 의미가 되진 않습니다.

I told you. He's a hard-ass.

말했잖아. 다루기 힘든 성격이라고.

<브레이킹 배드>

cocky

거만한, 자만하는

cocky는 가볍게 회화에서 많이 쓰이는 단어입니다. arrogant / snobbish / pompous / contemptuous 모두 cocky와 비슷한 의미로 쓰이고요. 아래 know it all은 잘난 척한다는 뜻입니다.

You're getting cocky, a little bit.

좀 거만해지는데?

= Don't get all cocky, Phil.

아직 자만하지 마, 필.

= She's pushy. She's a know-it-all.

그녀는 너무 밀어붙여. 너무 아는 체해.

<워킹데드>, <라스트맨 온 어스>, <굿 와이프>

paranoid

신경과민의

paranoid는 원래 '편집증의', '피해망상적인'이라는 뜻이 있지만, 실제 회화에서는 어떤 일을 몹시 걱정하는 사람을 가리킬 때 쓰는 표현입니다.

You're being paranoid, Mrs. Florrick. Sometimes things are as they seem.

플로릭 부인, 너무 신경과민이군요. 때로 진실은 보이는 그대로예요.

<굿 와이프>

being sarcastic

빈정대는, 비꼬는

누군가 영어로 비꼬는 것을 알아들을 정도면 영어의 마스터가 되었다고 해도 과언이 아닌데요. 그만큼 빈정대거나 비꼬는 표현은 문맥, 상황 파악을 아주 잘해야 할 뿐만 아니라, 말하는 사람의 진의를 알아내야 하기 때문입니다. 비유와 풍자가 넘쳐나는 〈가십 걸〉, 〈빅뱅이론〉 등을 보면서 공부하다 보면 익힐 수 있으니, 빈정대는 외국 친구가 있다면 Don't be sarcastic!(빈정대지 마!)라고 일침을 날려주세요.

I was being sarcastic.

내가 빈정댔어.

<더 라스트 맨 온 어스>

a simple guy

평범한 남자

특별히 눈에 띄는 것도, 모난 것도 없는 평범남을 a simple guy라고 합니다. 이와 더불어 down to earth라는 숙어도 같이 알아두세요. 발을 땅에 붙이고 산다, 즉 '현실적인', '건실한', '소탈하다'는 의미입니다. 반대되는 표현으로는 head in the clouds(뜬구름을 잡는 사람)가 있습니다.

Nothing too fancy. I'm a simple guy.
그리 화려하지 않아요. 전 그냥 평범한 남자에요.

<더 라스트 맨 온 어스>

frigid

냉랭한, 차가운

냉장고를 refrigerator. 줄여서 fridge라고 하죠? 냉장고와 연관시켜서 frigid는 형용사로 '차가운', '냉랭한', '쌀쌀맞은'이란 의미가 있습니다. frigid 대신 cold / icy를 써도 됩니다. She has a cold look.(그녀는 차가워 보여.)

I think he thought that she was a little… frigid.
그는 그녀가 약간은 쌀쌀맞다고 생각한 것 같아요.

<굿 와이프>

fragile

연약한, 부서지기 쉬운

fragile은 택배 상자에서도 볼 수 있는데, 그땐 '파손주의'를 말하여, 안에 깨지기 쉬운 물건이 있을 때 쓰죠. 사람의 성격에 fragile을 쓰게 되면, '상처입기 쉬운', '연약한', '불안정한'이란 뜻입니다. vulnerable도 '연약한', '취약한' 비슷한 의미입니다.

David's very fragile.

데이빗은 매우 불안정해요.

<리젼>

uptight

꽉 막힌

uptight는 마음의 여유가 없고, 융통성이 없는, 깐깐한 사람을 가리킬 때 쓰는 말입니다. 하지만 쓰는 입장에서는 조심해야 할 단어입니다. 듣는 입장에서는 기분 나쁠 수 있기 때문에 조금 돌려서 Take it easy, man.(진정해, 짜샤.) / You seem stressed. Relax!(너 스트레스 받아 보여. 진정해!) / Chill out.(진정해) 이렇게 말하면 되겠죠.

Mitchell, you're a little uptight, kids bring chaos and you don't handle well.

미첼, 넌 좀 꽉 막혔어. 애들이 정신없게 하면 그것도 잘 처리하지 못하잖아.

<모던 패밀리>

snob

속물

피상적인 요인들을 기준으로 남보다 잘나고 우월하다고 생각하는 사람이나 고상한 체하는 '속물'을 snob이라고 합니다. 형용사는 snobbish(속물 같은). 좀 더 나아가서 돈을 목적으로 부유한 남성과 교제하는 꽃뱀은 gold digger라고 합니다.

Mitchell is a snob.

미첼은 속물이에요.

<모던 패밀리>

classic me

딱 나답지

classic은 '고전적인', '고유한'이란 의미로, 어떤 틀에서 벗어나지 않고 기존 상태를 유지하고 있을 때 classic이라고 하죠. 사람한테도 적용해서 그 사람다운 모습을 보일 때 classic you / classic me라고 할 수 있습니다. 형용사 classy는 '고급진'이란 뜻입니다.

Classic me, right?

딱 나지?

<모던 패밀리>

Jessa	I'm not on facebook.
Shoshana	You're so fucking classy.
제사	나 페이스북 안 해.
소샤나	언니 완전 고급지다.

<걸스>

meticulous and calculating 꼼꼼하고 계산적인

과학 수사대가 있긴 하지만, 갈수록 범인들의 소행이 치밀해지고 있죠? meticulous는 metus, '두려움'이란 뜻을 가진 라틴어에서 유래했습니다. 무서울 정도로 치밀한 지능범을 상상하면서 외워보세요. calculating은 '계산적인'이란 뜻입니다.

Whoever we're dealing with here is meticulous and calculating.
우리가 상대하는 게 누구인지 간에 아주 꼼꼼하고 계산적인 놈이에요.

<콴티코>

Didn't have the balls

배짱이 없었다

balls는 남자로 태어나서 무언가를 할 수 있는 '용기'나 '배짱'을 말합니다. balls 대신 guts를 쓸 수 있습니다. I didn't have the guts.(배짱이 없었어.)

I needed some extra cash. I was saving up for law school. But I never went. I never even applied. Didn't have the balls.

돈이 더 필요했지. 법대 가려고 모으고 있었거든. 그런데 절대 가진 않았어. 지원하지도 않았고. 자신이 없었거든.

<글리>

연습해보기

01. 나 그럴 기분 아니야.

02. 넌 그녀에게 짜증나 있어.

03. 왜 이렇게 예민하게 굴어요?

04. 알아. 정말 겁난다고.

05. 왜들 우울한 표정 하고 있어?

06. 몹시 들떴겠구나!

07. 매우 기분 좋은 말이로군요.

08. 나 너무 감동받았어.

09. 너무 소모적이야.

10. 넌 너무 너밖에 몰라.

11. 좀 거만해지는데?

12. 내가 빈정대고 있었지.

13. 그녀는 약간 쌀쌀맞아요.

14. 넌 좀 꽉 막혔어.

15. 미첼은 속물이에요.

16. 딱 나지?

17. 배짱이 없었어.

GOSSIP GIRL

뉴욕 맨해튼을 배경으로 한 이 드라마는 최상류층 고등학생들의 화려한 생활과 고급 패션의 연출로, 시청자와 각종 패션계로부터 많은 관심을 받으면서, 시즌 6까지 종횡무진하며 인기리에 종영되었습니다. 미드 입문용으로 추천될 정도로 수많은 팬덤 층을 형성하고 있으며, '잇걸' '잇남'들의 사랑과 우정, 그리고 이들의 톡 쏘는 위트 있는 대사들은 눈과 귀를 즐겁게 합니다.

CAST

- **세레나:** 모든 소녀들의 우상. 잇걸인 세레나는 태어나면서부터 금수저를 물고, 매력적인 금발에 성격까지 쿨해 완벽해 보이지만 어딘지 늘 불안하다.
- **블레어:** 세레나의 절친. 싸가지 없지만, 사랑과 우정을 소중히 여기는 모습에 어쩐지 미워할 수 없는 사랑스럽고 귀여운 악녀이다.
- **댄:** 극 중 유일한 흙수저인 댄은 작가 지망생이다. 최상류층 또래들을 내심 부러워하면서 쉽게 어울리지 못하고 겉돈다.
- **척:** 초반엔 부잣집 파렴치한 바람둥이로 묘사되지만 후반으로 갈수록 자신의 주변을 책임지기 시작하면서 성숙한 남자로 성장해나간다.
- **네이트:** 항상 옳은 일을 하고 싶어하는 엄친아지만, 블레어와 사귀면서도 어릴적 짝사랑인 세레나에게 마음을 놓지 못한다.

Keyword

3

외모 / 패션

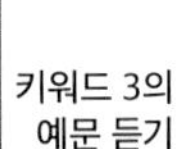

외보

eye candy

눈사탕

잘생긴 사람을 보면 안구가 정화된다고 말하죠? 영어에도 그런 표현이 있습니다. 눈을 호강시킨다 하여 눈이 먹는 사탕. 즉 '훈남'이나 '잘생긴 사람'을 칭하죠.

The eye candy here can't leave the house without spending 20 minutes in front of the mirror.

요 눈사탕이 거울 앞에서 20분 보내지 않고서는 당최 집을 안 떠나려고 해서요.

<모던 패밀리>

Who does your hair?

누가 네 머리 자르니?

머리 누구한테 잘랐어? Who cuts your hair? 우리나라에선 '커트'란 단어를 쓰지만, 영어에선 do 동사를 더 많이 씁니다. Designer Park does my hair.(디자이너 박이 제 머리 잘라요.) / I did my hair yesterday.(나 어제 머리 잘랐어.) 간단하죠?

Yo, hey. I like your hair. Who does your hair?

어이, 헤어스타일 맘에 든다. 누구한테 잘랐어?

<모던 패밀리>

hot

섹시한, 잘나가는, 예쁜, 멋진

hot이 '뜨겁다'는 뜻도 있지만, 이 단어가 외적인 모습을 평가할 때는 단순히 '섹시하다'는 의미 말고도 '잘생기고, 예쁘고, 귀엽고'를 통틀어 말합니다. 아래 effing은 fucking과 비슷한 의미로 '빌어먹을', '죽여주게'란 의미로서, hot을 강조해주는 의미로 쓰입니다.

Serena looked effing hot last night.

세레나 어제 죽여주게 섹시하던데.

<가십 걸>

'it' girl

대세녀

요즘 수지나 설현처럼 잘나가는 대세녀들을 가리키는 영어 표현은? 바로 '잇걸'이라고 합니다. 대세남은 'it' boy가 되겠죠.

Serena Van Der Woodsen, everybody's favorite 'it' girl, has just returned from a mysterious absence.

세레나 밴더우슨 모두의 잇걸이 비밀스럽게 떠나서 이제 막 돌아왔다지.

<가십 걸>

looks cute on

~이 귀여워 보인다

원래는 That skirt looks cute on you.와 같이 어떤 의상이 '잘 어울린다', '귀여워 보인다'로 쓰는 표현인데, 의상 대신 어떤 얼굴 표정을 장착했을 때 귀엽다고 쓰고 있는 겁니다. 아주 재밌는 표현이죠.

Dan	I just worry about her sometimes.
Serena	Well, worry looks cute on you.
댄	그냥 여동생이 가끔씩 걱정돼.
세레나	걱정스러운 얼굴이 무지 귀여운데?

<가십 걸>

more / less someone

더 / 덜 누구다운

'누구답고 또 누구답지 않다'를 영어로 쓰려면, 막상 떠오르는 표현이 없죠? 그럴 때 간단하게 'more / less 사람 이름'을 써주면 됩니다. '그건 너답지 않아'는 It's not like you.라고 합니다.

Nate	You know, she's lighter. she's happier. She's just less Blair.
Chuck	She does have a certain glow about her, doesn't she?
네이트	그냥, 블레어가 요즘 더 밝아 보이고, 더 행복해 보여. 블레어 같지 않다고나 할까?
척	블레어에겐 특별한 광채가 있지. 안 그래?

<가십 걸>

You look nice

너 예뻐(잘생겨) 보인다

평소답지 않게 예쁘거나, 멋지게 차려입었을 때 칭찬해주는 표현입니다. nice 대신 good / great를 써줄 수 있습니다.

You look nice.
너 예뻐 보인다.

<슈퍼 내추럴>

haven't aged an hour

하나도 안 늙었네

세월이 지나도 늙지 않고 얼굴을 그대로 유지하는 사람들을 두고 쓰는 표현입니다. an hour는 여기서 '조금도' 란 의미로 a day / a bit로 바꿔쓸 수 있습니다. aged는 '나이가 들다', '늙는다'는 말입니다.

Oliver, you haven't aged an hour.
올리버, 자네 하나도 안 늙었군.

<리전>

nose job

코수술

코가 일한다고요? 여기선 코에 작업, 코를 튜닝했다는 말입니다.
'나 코 수술 했어'는? I had a nose job. / I had nose surgery. 이렇게 씁니다.

I just said she needs a nose job.

난 그냥 그녀가 코 수술이 필요하다고 말했을 뿐이야.

<사인펠드>

lost a lot of weight

살을 많이 뺐다

weight는 무게, 체중이란 의미지만, 여기서는 '살을 뺀다'는 뜻으로 쓰입니다. lose라는 동사 대신에 drop 또는 take off를 써서 dropped 3 pounds / took off 4kgs로 대체 가능합니다. (* 1pound = 0.45kg)

Jerry, you look like you lost a lot of weight. Are you exercising? Skipping carbs(carbohydrate)? Whatever you're doing, keep it up.

제리, 너 살 많이 빠진 것 같다. 운동하니? 탄수화물 건너뛰니? 무얼 하든 계속 유지해.

<더 라스트 맨 온 어스>

be in good shape

몸매(건강) 좋아 보인다

몸매가 좋아 보일 때도, 건강해 보일 때도 be in good shape이라고 합니다. 비슷한 표현으로는 You look fit.(건강해 보인다.) / You look great!(좋아 보인다!)이 있습니다.

You're in really good shape.

너 정말 건강해 보인다.

<본스>

work out

운동하다

원어민들 사이에선 exercise보다 work out을 더 많이 씁니다. '운동하다' 외에도 어떤 일이 '잘 해결되다', '풀리다', '(관계를) 회복시키다'의 의미가 있습니다. 사용 빈도수가 높은 표현입니다.

I mean, you could tell me, like, about how good-looking and funny and smart I am and I've been working out lately.

아니, 내 말은 내가 얼마나 잘생기고, 재밌고, 똑똑하고, 요즘 얼마나 운동 열심히 하는지 얘기해줄 수 있잖아.

<How I Met Your Mother>

We decided to work it out.

우리 잘해보기로 했어.(회복시키다.)

<리젼>

This is gonna work out great.

이건 정말 잘 풀릴 거야.

<더 라스트 맨 온 어스>

장면탐구 #6

<더 라스트 맨 온 어스> S01 E02

지구상에 혼자 남게 된 남자 필은 세상의 온갖 자유와 재미를 즐기지만, 시간이 지날수록 외로움에 몸서리치게 됩니다. 결국 예전에 봐뒀던 마네킹에게 마음을 품게 되고, 어느 날 찾아가서 고백합니다. '너의 옷이 맘에 든다'는 표현은 I like your outfit. '스타일 좋다'는 You make good style choices. / You have a good sense of style.

Phil	Hello, I guess. Actually, I saw you a long time ago, and I always wanted to come say hi, but, well, I don't know, I just, uh, it never felt like the right time. I like your outfit. You make good style choices.
필	안녕. 사실 오래전에 널 봤어. 늘 인사하러 오고 싶었는데, 모르겠어. 그냥…, 적절한 때가 아닌 것 같았거든. 너의 옷이 맘에 들어. 스타일도 좋구나.

패션

pull off

소화해내다

무언가를 잡아당긴다(?)는 뜻이 아닙니다. '(힘든 것을) 해내다', '성사시키다', '(스타일 / 역할을) 소화해내다'라는 의미로 비 격식 표현입니다.

Rachel, I don't think you can pull off high school anymore.
난 네가 더 이상 고등학교 스타일을 소화 못 한다고 생각해.

<가십 걸>

revealing

드러나는

reveal이 '드러나다', '밝혀지다'라는 의미가 있지만, 옷에 관해서는 '드러난다', '노출이 심하다'는 의미로 쓰입니다.

Claire's mom That's very revealing.
Claire That's my parenting style.
Claire's mom No, I meant your blouse.

클레어 엄마 눈에 훤히 드러나는구나.
클레어 그게 제 양육 방식이에요.
클레어 엄마 아니, 네 블라우스 말이다.

<모던 패밀리>

overdressed

너무 차려입은

overdressed는 평소보다 더 화려하게 차려입었다는 말이고, underdressed는 반대로 '너무 간소한 복장의', '초라한 옷차림의'라는 뜻입니다. 그렇다면 시간과 장소와 때에 잘 맞춰서 입고 온다면? T.P.O(Time, Place, Occasion)를 고려한 거라 볼 수 있겠죠.

You're a little overdressed for the study date.
공부하는데 옷을 너무 차려입고 온 거 아냐?

<가십 걸>

bling-bling

화려한 장신구

반짝거리는 것들, 다이아몬드 같은 보석류를 일컫는 속어입니다. 힙합을 하는 흑인들 사이에서 유래된 표현으로, 힙합 뮤직비디오를 보면 래퍼들이 블링블링한 장신구를 착용하고 나오는 걸 흔히 볼 수 있죠.

He goes and buys some bling-bling to impress the strippers with.
그는 스트리퍼들에게 잘 보이기 위해 나가서 화려한 장신구를 사지.

<CSI, LAS VEGAS>

chic

멋진

패션 분야에서 주로 쓰이기 시작하면서, 우리나라에서는 김혜수가 한 패션 드라마에 등장하여 '시크하다'는 대사를 널리 알리게 되었죠. 패션 잡지에 자주 등장하는 말로 '세련되고', '멋지고', '맵시 나는'이라는 뜻입니다.

Nestled in downtown Gotham, the hotbed of all that is super-chic and scrumptiously posh, delectable dreamland.

(그곳은) 뉴욕 시내에 자리 잡고 있으며, 모든 것이 멋지고, 아주 화려한, 매력 넘치는 꿈나라다.

<어글리 베티>

old school

한물간, 구식의

오래된 학교(?)가 아니라 오래된 스타일, 시대에 뒤떨어진 스타일, 구식이라는 말로 비슷한 표현으로는 go out of style이 있습니다.

You're old school.

넌 구식이야.

<CSI LAS VEGAS>

baggy

헐렁한

배기팬츠라고 한때 유행한 적 있었죠? 헐렁한 바지를 가리킬 때 씁니다. 그렇다면 스키니 진은? tight pants라고 합니다.

Have you seen my baggy sweatshirts?

내 헐렁한 운동복 상의 봤어요?

<로스트>

장면탐구 #7

<글리> S01 E03

체험학습 때 무슨 옷을 입을지 서로 얘기하는 장면인데요. 패션에 관심이 많은 커트는 메르세데스에게 방과 후 쇼핑을 가자고 청합니다. hit 뒤에 장소를 써서 '어딘가를 간다', '어떤 동작을 한다'는 의미로 많이 쓰이는 미국식 신조어입니다. 몇 가지 예를 더 살펴보죠. hit the road 드라이브 가다 / hit the floor(stage) 춤을 추다 / hit the sack 잠을 자다 / hit the shower 샤워하다 / hit the air 방송하다 / hit the booze 술을 마시다 / hit the roof(ceiling) 갑자기 화를 내다

Kurt	What are you wearing on our Operation Dakota Stanley field trip?
Mercedes	Is there a dress code?
Kurt	No, but every moment of your life is an opportunity for fashion. We'll hit the mall after school.
커트	다코타 현장 체험학습 때 뭐 입을 거야?
메르세데스	드레스 코드라도 있어?
커트	없지. 하지만 인생의 모든 순간은 패션을 뽐낼 기회야. 학교 끝나고 쇼핑 가자.

a run

(스타킹) 올이 나간

run이 동사로 쓰이면 '달리다', '방영하다', '작동하다', '운영하다'의 뜻이 있지만, 명사로 쓰인다면? '스타킹의 올이 나갔다'는 뜻입니다. 올이 달리듯이 죽 나간 모양을 상상하면 외우기 쉽겠죠?

You got a bad sprain, not to mention a run in your stocking.
발목이 심하게 삐었구나. 스타킹 올이 나간 건 말할 것도 없고.

<70년대 쇼>

suits

정장, 양복

suit는 정장, 소송이라는 뜻이 있습니다. 그런 점에서 법정 드라마 <수츠>는 멋진 정장을 입고 나오는 변호사들이 주로 등장하여 중의적인 의미를 잘 살린 제목이죠. suits가 동사로 쓰이면 '어울리다.'라는 뜻입니다. 예를 들면, Blue suits you.(너한텐 푸른색이 어울려.) 이렇게 쓰입니다.

Mike What does it matter how much money I spend on suits?
Harvey People respond to how we're dressed.

마이크 제가 양복에 얼마를 쓰는지가 무슨 상관이에요?
하비 사람들은 우리가 어떻게 입는지에 반응해.

<수츠>

strappy sandal

스트랩 샌들

strap을 끈이라고 하는데, 여기선 발등이나 발목에 가는 끈이 달린 신발을 의미해요. 마놀로 블라닉은 캐리가 사랑하는 구두 브랜드로 지미추와 함께 많은 여성들의 사랑을 받아왔죠.

They'll spend $400 on a pair of Manolo Blahnik strappy sandals.
그들은 마놀로 블라닉의 스트랩 샌들 한 켤레를 위해서라면 40만 원도 기꺼이 지불할 거야.

<섹스 앤 더 시티>

modelizer

모델만 밝히는 사람

'에너자이저'라는 건전지 광고 한번쯤은 다들 보셨죠? 백만 스물하나 백만 스물둘. 힘이 넘쳐나서 주체 못 하는 남자들을 일컬어 woman + energizer = womanizer 여자를 밝히는 남자(바람둥이)라고 합니다. modelizer도 같은 맥락으로, 모델만 밝히는 사람을 가리키죠.

Miranda Do you have to be a supermodel to get a date in New York?
Carrie Modelizers are a particular breed.

미란다 뉴욕에서는 슈퍼 모델이 되어야만 데이트할 수 있니?
캐리 모델라이저는 특정한 부류야.

<섹스 앤 더 시티>

closet

옷장

비슷한 단어로 wardrobe가 있는데요. wardrobe는 closet보다 좀 더 큰 것을 말하고, 서랍은 drawer, 옷걸이는 hanger라고 합니다.

A closet full of clothes, nothing to wear.
옷장에 옷은 가득하지만 입을 건 없네.

<섹스 앤 더 시티>

outfit

옷

밖에서 입는 한 벌의 외출복을 말합니다. clothes도 '옷'이란 뜻이지만, cloth라고는 말하지 않도록 주의하세요. cloth는 '옷감', '천'을 뜻합니다.

Carrie Hey, nice outfit.
Is there gonna be belly dancing at the shower?
Samanda Right after the gifts.

캐리 옷 예쁘다. 샤워 파티 후 밸리 댄스라도 출 거야?
사만다 선물 주고 바로!

<섹스 앤 더 시티>

장면탐구 #8

<섹스 앤 더 시티 (2008)>

결혼식 날 캐리를 바람맞힌 빅은 이후에 캐리와 극적으로 재회하여 정식으로 다시 프러포즈할 기회를 얻습니다. 그것도 캐리가 가장 사랑하는 구두를 신겨주면서요. 이 장면은 프러포즈의 정석을 보여준 감동적인 명장면으로, 수많은 여성들의 심금을 울렸죠.

Carrie	It's a good closet.
Big	Thanks.
Carrie	It's comfortable. Is this what you had in mind when you installed the carpet?
Big	I'd like to think I was that smooth.
Carrie	We better get up before the new owner bust in on us.
Big	And the way we decided to get married. It was all business…, No romance. That's not the way you propose to someone. This is. (Knees down on one side) Carrie Bradshaw, love of my life, will you marry me?
Carrie	(Nods, speechless)
Big	See, this is why there's a diamond. You need to do something to close the deal.

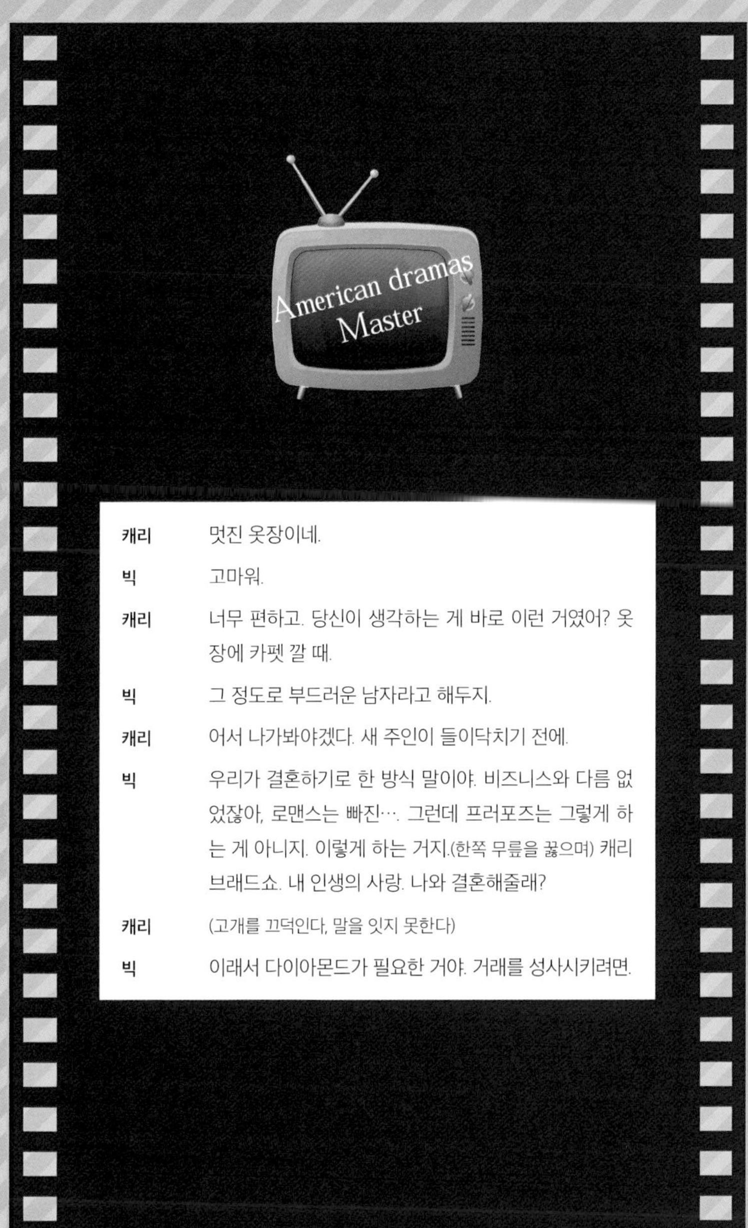

캐리 멋진 옷장이네.

빅 고마워.

캐리 너무 편하고. 당신이 생각하는 게 바로 이런 거였어? 옷장에 카펫 깔 때.

빅 그 정도로 부드러운 남자라고 해두지.

캐리 어서 나가봐야겠다. 새 주인이 들이닥치기 전에.

빅 우리가 결혼하기로 한 방식 말이야. 비즈니스와 다름 없었잖아, 로맨스는 빠진…. 그런데 프러포즈는 그렇게 하는 게 아니지. 이렇게 하는 거지.(한쪽 무릎을 꿇으며) 캐리 브래드쇼. 내 인생의 사랑. 나와 결혼해줄래?

캐리 (고개를 끄덕인다, 말을 잇지 못한다)

빅 이래서 다이아몬드가 필요한 거야. 거래를 성사시키려면.

연습해보기

01. 누가 네 머리 자르니?

02. 걱정스러운 얼굴이 무지 귀엽다.

03. 블레어 같지 않다고나 할까.

04. 너 예뻐 보인다.

05. 자네 하나도 안 늙었군.

06. 나 코 수술했어.

07. 너 살 많이 빠진 것 같다.

08. 나 요즘 운동하고 있어.

09. 공부하는데 너무 차려입고 온 거 아냐?

10. 그는 가서 화려한 장신구를 사지.

11. 넌 구식이야.

12. 내 헐렁한 운동복 상의 봤어요?

13. 드레스 코드라도 있어?

14. 학교 끝나고 쇼핑 가자.

15. 입을 게 없네.

16. 옷 예쁘다

★ the office ★

the office

제지회사의 지점장과 직원들의 일상을 그린 시트콤으로, 업무 연계를 목적으로 회화를 배우고 싶다면 강추합니다.
개성이 강한 캐릭터들을 보다 보면 마치 무한상사를 보는 듯 중독성이 있습니다.
모큐멘터리 형식으로 각 직원들이 나와서 인터뷰를 하기도 하고, 캐릭터들 간의 웃픈 사건들이 계속해서 터지는데, 그것이 이 드라마의 매력 포인트.
실제 직장에서 겪을 법한 일들이 나오므로, 직장인이라면 누구나 공감하며 재밌게 볼 수 있습니다.

CAST

- **마이클:** 상사지만 철없는 아이 같다. 장난기가 많고, 관심 받는 것을 좋아한다. 눈치 없이 막말해서 분위기를 싸하게 만들 때도 있지만, 알고 보면 마음씨가 따뜻하다.
- **짐:** 잘생긴 훈남인 데다 성격까지 활발하다. 일보단 드와이트를 괴롭히고, 팸과 노닥거리는 일에 더 관심이 많다.
- **드와이트:** 자신이 지점장이 될 날만을 꿈꾼다. 가장 냉철하고 이성적인 캐릭터지만, 짐의 장난에 자꾸 속아넘어간다. 후에 안젤라와 엮인다.
- **팸:** 비서. 마음이 따뜻한 천상 여자. 마이클이 일을 낼 때마다 수습하면서 완충제 역할을 한다. 짐과 가까워진다.
- **안젤라:** 독실한 크리스찬. 까탈스럽고 결벽증이 있지만 프로페셔널하다. 의외로 남자를 밝힌다.

Keyword

★ ★ ★ 4 ★ ★ ★

일 / 업무

★

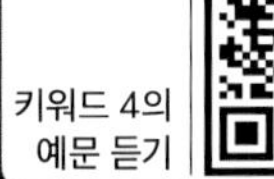

일 / 업무

keep it up

계속 잘 유지하다

계속해서 어떤 일을 잘해달라는 의미로, 누군가를 응원할 때 씁니다. 비슷한 표현으로 keep up the good work!이 있습니다.

Good work, keep it up.
잘했어요. 계속 유지해요.

<걸스>

Keep up the good work.
계속 잘해주세요.

<굿 와이프>

resign

사직하다

처음에 입사할 때 계약서에 서명하고, 나올 때 서명을 한 번 더 하죠? resign은 다시 서명한다는 의미에서 '사직하다'라는 뜻입니다. have no choice but to-v는 '~할 수밖에 없다'. 숙어입니다.

I have no choice but to resign.
사직할 수밖에 없네요.

<리미트리스>

call it a night

오늘은 이만하자

'그날 밤의 일을 끝마치다', '오늘은 여기까지 하자'란 의미로 night 대신 day를 쓰기도 합니다.

> I'm gonna call it a night, dude.
> We're gonna meet up tomorrow.
>
> 오늘은 이만하자. 내일 만나자고.

<리미트리스>

I'm beat

지쳤다, 뻗었다

회사 일로 녹초가 된 어느 날 몹시 피곤하다고 영어로 말하고 싶을 때? I'm tired. / I'm exhausted. 대신 I'm beat.라고 써보세요. beat는 '때린다'는 뜻이지만, 누군가 날 흠씬 두들겨 팬 것처럼 몸이 천근만근일 때도 쓰입니다. 비슷한 표현으로 I'm burned out. / I'm worn out.이 있습니다.

> **Brian** I'm beat.
> **Colleague** You work too hard.
>
> **브라이언** 나 지쳤어.
> **동료** 일 너무 열심히 해서 그래.

<리미트리스>

work's been kicking my ass 일 때문에 요즘 너무 힘들어

일이 내 엉덩이를 차고 있다? 그 정도로 날 너무 힘들게 하고 있다는 의미로, 속된 표현입니다.

> Look, work's been kicking my ass lately.
> 요즘 일이 날 너무 힘들게 하고 있단다.

<가십 걸>

run an errand 심부름하다, 잡일하다

심부름을 해준다는 의미로도 쓰이지만, 폭넓게 '용무를 보다', '해야 할 일을 하다', '잡무를 처리하다'라는 의미도 있습니다. run 대신 go on으로 바꿔쓸 수 있습니다.

> Would you be willing to run an errand with me?
> 나랑 같이 심부름 좀 하러 갈래요?

<리미트리스>

get down to 본격적으로 시작하다

'어디에 착수하다'라는 의미로, 어떤 일을 본격적으로 시작해보자고 할 때 Let's get down to it. / Let's get down to business. 이렇게 쓰입니다.

All right, so how about we get down to it.

좋아. 그럼 이제 본격적으로 시작해볼까?

<브레이킹 배드>

Let's get down to business.

자, 이제 본론으로 들어가죠.

<오피스>

line of work

직업 세계

line of work는 직종을 나타내는데, 누구에게 '어떤 일 하세요?'를 묻고 싶다면, What line of work are you in? / What's your line of work? / What do you do (for a living)? 아니면 간단하게 What's your job? 이라고 합니다.

This line of work doesn't suit you, man. Get out before it's too late.

이 일은 선생님과 맞지 않아요. 너무 늦기 전에 손 떼세요.

<브레이킹 배드>

take it up with

~와 얘기하세요

'얘기하다', '해결하다', '다루다'의 의미로 deal with와 비슷하며, 비즈니스 표현입니다.

If you're unhappy with your compensation, maybe you should take it up with HR. OK. Not today, OK? Pam, just be professional.

연봉에 만족 못 한다면, 아마도 인사과에 얘기해야 될 거에요. 근데 오늘 말고요. 팸, 프로답게 굴어요.

<오피스>

agenda

안건, 의안

발음하면 아젠다. agenda는 라틴어로 '행해져야 할 일들', 정치적으로는 '의회에서 이뤄야 할 목표들', 회의에선 '논의되어야 할 사항들'입니다. agenda 없이는 회의를 못 하겠죠? 사무실에서 중요하게 쓰이는 어휘인 만큼 꼭 암기해두세요.

Jan Alright, was there anything you wanted to add to the agenda?

Michael I didn't get any agenda.

젠 좋아요. 안건에 뭐 추가할 게 있었나요?

마이클 안건 받지 못했는데요.

<오피스>

downsizing

인원 감축

요즘 자동차도 집도 다운사이징이 인기를 끌고 있죠? 큰 집보단 작고 아담한 집을, SUV 차량보단 소형차를 선호하게 되는 것도, 불필요한 건 없애고 최대한 간소화시키자는 취지입니다. 마찬가지로 회사에서도 인원을 감소

한다는 의미로 쓰입니다.

There is going to be downsizing.
인원 축소가 있을 거야.

<오피스>

rėsumė

이력서

발음을 주의해야 되는데, 이력서는 [레쥬메]라고 합니다. [리슘]이라고 발음하면 '재개하다', '다시 시작하다'라는 의미입니다. 혼동하지 마세요.

You guys better update your rėsumės just like I'm doing.
당신들 이력서 업데이트하는 게 좋을 거야. 나처럼.

<오피스>

We're on it!

바로 들어가죠

<크리미널 마인드>에서 다니엘 헤니가 했던 대사로, 팀장 개리가 일을 시키자 '지금 바로 들어가겠습니다.' '일 시작합니다!' '곧 착수하겠습니다!' 일을 열심히 하는 것처럼 들리죠. 믿음직스러운 사원이 되고 싶다면 기억해 두세요.

We're on it.
바로 들어갑니다.

<크리미널 마인드: 범죄 수사팀>

<더 오피스> S01 E01

인원 감축이 있을 거란 소식으로 다들 두려움에 떨고 있을 때, 지점장인 마이클은 장난을 칠 생각을 합니다. 바로 비서 팸을 사소한 꼬투리를 잡아서 해고하는 건데요. 그 상황을 몰카로 찍는 겁니다. 사람들의 불안한 심정도 모르고 얄궂게 행동하는 모습이 참 인상 깊은 장면이죠. 현 미국 대통령 도널드 트럼프가 했던 대사로도 유명한 "You are fired!" "당신은 해고야!"가 직설적인 반면, 마이클의 대사 I am going to have to let you go.는 '해고하다'의 좀 더 완곡한 표현입니다.

Michael	I am going to have to let you go first.
Pam	What? Why?
Michael	Why? Well, theft and stealing.
Pam	Stealing? What am I supposed to have stolen?
Michael	Post-it Notes.
Pam	Post-it Notes? What are those worth, 50 cents?
Michael	50cents, yeah. If you steal a thousand Post-It Notes at 50cents a piece, and you know, you've made a profit... margin. You're gonna run us out of business, Pam.
Pam	Are you serious?
Michael	Yeah. I am.

Pam I can't believe this. I mean I have never even stolen as much as a paper clip and you're firing me.

Michael But the best thing about it is that we're not going to have to give you any severance pay. Because that is gross misconduct and…, Just clean out your desk. I'm sorry.

[Pam starts crying]

Michael You been X'd punk! [Laughing] We totally got you.

Pam You're a jerk.

마이클 당신을 먼저 해고해야겠어요.

팸 네? 왜요?

마이클 왜냐고요? 절도로요.

팸 절도요? 제가 도대체 뭘 훔쳤는데요?

마이클 포스트잇.

팸 (기가 차서) 포스트잇이요? 그거 50센트밖에 안 하는 거잖아요.

마이클 50센트 맞아요. 하지만 수천 장의 포스트잇을 훔쳤다면 당신은 이윤을 취한 거고, 차액을 남긴 거죠.
팸. 이렇게 되면 우리 회사 망해요.

팸 진심이에요?

마이클 네, 진심이에요.

팸 믿을 수 없어요. 종이 클립만큼 많이 가져다 쓴 것도 없는데.

마이클 그래도 다행인 건, 당신에게 퇴직금을 주지 않아도 된다는 사실이에요. 왜냐면 이건 고의과실이니까요.
그냥… 책상정리 해주세요. 미안해요.

[팸, 울기 시작한다]

마이클 지금까지 몰카였습니다. (웃으며) 완전 속았죠?

팸 정말 너무하시네요.

Tit for tat

눈에는 눈, 이에는 이

tit은 가볍게 때리는 것을 뜻하고, tat 역시 마찬가지입니다. 치고받는다는 말입니다. 사전적 의미로는 '맞받아치기'이지만, '보복'의 의미에 더 가깝습니다. 눈에는 눈, 이에는 이. 국제경영이나 전략경영 분야에서도 많이 쓰이는 용어입니다.

> Tit for tat.
> 눈에는 눈, 이에는 이.

<오피스>

wrap up

마무리하다

물건을 포장하다? 싸다? 땡! 어떤 일을 마무리 짓는다는 표현입니다. 방송이나 쇼를 끝낸다고 할 때 자주 등장하는 표현이죠. finish보다 일상 회화에서 더 많이 쓰입니다. wrap up는 '옷을 싸매고 다녀라', '따뜻하게 입고 다녀라'라는 의미도 있습니다.

> Jim, could you wrap it up, please?
> 짐, 이제 마무리해줄래요?

<오피스>

the ball's in their court

주도권은 넘어갔다

테니스 경기를 떠올려보면, 공이 상대 진영으로 넘어갔을 때 공격권이 생기죠? 이런 상황을 빗대서 주도권이 넘어갔다는 표현입니다. 주도권이 넘어간 만큼 어떤 행동에 대한 책임을 져야 하는 상황으로 볼 수도 있습니다.

You know, the ball's in their court.
알잖아. 주도권은 저쪽에 있다는 걸.

<오피스>

put someone in charge of

누구에게 책임을 맡기다

be in charge of는 '책임지다'라는 뜻으로, take care of / be responsible for 등 비슷한 표현들이 있고요. put someone in charge of는 '누군가에게 책임을 맡긴다'는 뜻입니다.

He is not here right now. He put me in charge of the office.
지금 안 계세요. 점장님이 저에게 책임을 넘겨주셨거든요.

<오피스>

remind someone

누구에게 상기시키다

remind A of B (A에게 B를 상기시키다) 구문으로도 자주 쓰입니다. 명사 reminder는 업무 메일에서 많이 볼 수 있는 단어인데요. 약속 또는 해야 할 일을 상기시켜주는 편지나 독촉장으로 쓰이기도 합니다.

Thank you for reminding me.

상기시켜줘서 고마워요.

<오피스>

deadline

마감일

비슷한 표현으로는 due date(마감일) / due on+요일. 예를 들면, The report is due (on) Monday.(그 보고서는 월요일까지야.) 이때 on은 생략 가능합니다.

You know what, I am on a deadline here, and just…
OK. Thanks, thanks for your help. I'll work it out.

마감 시한이 다가오고 있어요. 그리고… 아, 알았어요.
도와줘서 고마워요. 제가 처리해볼게요.

<오피스>

day off

하루 쉬다(휴가)

잠깐 쉰다면 take some time off / 하루 쉰다는 take a day off / 며칠이면 take a few days off / 일주일은 take a week off / 5일은 take 5 days off라고 쓰겠죠.

Come on. Let's not be gloomy here man. We're all in this together. We're a team. You know what? Screw corporate, nobody's coming in tomorrow. You have the day off. Like coming in an extra day is gonna prevent us from being downsized. Have a good weekend.

너무 우울해지지 말아요. 우린 모두 함께할 거예요. 팀이잖아요. 그냥 회사 엿 먹으라 하고, 내일 아무도 오지 말아요. 하루 쉬어요. 하루 더 온다고 해서 뭐, 인원 감축 피할 수 있는 것도 아니고. 좋은 주말 보내요!

<오피스>

---

layoff

일시 해고

기업이 경영 부진으로 인원 삭감이 불가피한 상황에서, 차후에 다시 업무가 회복되었을 때 재고용의 가능성을 열어둔다는 의미로 쓰이는 용어입니다.

I mean, you hear about layoffs in the news, but when you actually have to do it yourself, it is heavy stuff.

그러니까 뉴스에서 일시 해고에 대해 들어보셨을 거예요. 근데 진짜 이걸 나 스스로 해야 될 때는 부담감이 크죠.

<오피스>

---

incentive

유인책, 보너스

인센티브는 직원의 능률을 올리도록 동기 부여하는 수단으로, 주로 금전적 보상인 성과급을 말합니다.

Alan and I have created an incentive program to increase sales.

알랜과 제가 매상을 올리기 위해 인센티브 프로그램을 만들었어요.

<오피스>

장면탐구 #10

<굿 와이프> S01 E01

미드 원작 <굿 와이프>를 리메이크하여 국내에선 전도연과 윤계상, 유지태가 주연을 맡아 화제가 된 바 있죠. come aboard는 배에 '승선, 탑승하다'의 의미로, 어떤 일을 함께하게 된다는 뜻입니다. 영어에선 배를 빗댄 표현들이 많은데요. We're in the same boat. 우리는 같은 운명(처지)이야. 이렇듯 배에 타는 행위를 동고동락한다는 의미로 해석하죠. come aboard 대신 Glad to have you on board.로 바꿔쓸 수 있습니다.

Alicia	Well, I just wanted to say thank you for the opportunity. It's a real life saver.
Will	No, glad you could come aboard.
알리시아	이 기회를 줘서 고맙단 말을 하고 싶어. 넌 구세주야.
윌	아냐, 네가 합류해서 기뻐.

go in one's favor

(누구의 입장이) 유리하게 돌아가다

in favor of는 '~에 찬성(지지)하여', '~의 이익이 되도록'이란 뜻입니다. 여기서 go in one's favor라고 쓰면 '누구의 입장이 유리하게 돌아간다'는 의미로 해석합니다. 법정 드라마에서 심심치 않게 볼 수 있는 표현이죠.

She's worried it won't go in her favor.
그녀는 자기가 유리한 대로 돌아가지 않을까봐 걱정하고 있어.

<굿 와이프>

prep

준비

동사 prepare '준비하다'를 줄여서 만든 비 격식 표현입니다. Let's prep the presentation together.(우리 함께 발표 준비하자.)와 같이 prep something 준비하는 것을 목적어로 쓸 수도 있고, you, me, her, him과 같은 대명사를 써서 그 사람을 '준비시킨다'는 의미로 쓸 수도 있습니다.

Daniel	Do you want me to prep you?
Alicia	No. Thank you. I think I can handle it.
다니엘	증언 준비 같이 해줄까요?
알리시아	아뇨. 괜찮아요. 제가 알아서 할 수 있을 것 같아요.

<굿 와이프>

Keep me posted

계속 보고해

SNS에 한번쯤 누군가 포스팅한 글이나 사진을 본 사람이라면 쉽게 이해

할 수 있습니다. 나에게 (너의 상황 / 소식 / 정보)를 계속 전해달라는 의미로 Keep me informed. / Keep me updated. 좀 더 전문적으로는 I need it in the loop. 등의 비슷한 표현들이 있습니다. 업무뿐만 아니라 이제 헤어질 친구에게 연락하고 지내자는 의미로 Keep in touch! / Keep me posted! 작별 인사로 쓰이기도 합니다.

Keep me posted.

계속 보고해.

<콴티코>

I need it in the loop.

계속 상황 보고해줘.

<굿 와이프>

---

get a hunch

감을 잡다

감 잡아쓰! 영어로 I caught a feeling?이라고 할까요? hunch는 우리나라 말로 감, 촉, 예감을 나타내는 말로 get이라는 동사와 함께 써줍니다. I got a hunch.(감 잡았어.)

Cary	I don't think Simran was involved.
Kalinda	What? You just get a hunch?
캐리	시만은 연관되어 있는 것 같지 않아요.
칼린다	감이라도 온 거야?

<굿 와이프>

don't bother v-ing

~ 안 해도 돼, 수고할 것 없다

bother는 괴롭히다, 귀찮게 하다. Don't bother me.라고 한다면, '나 좀 괴롭히지 마.' 하지만 뒤에 v-ing가 붙을 땐 어떤 행동을 하는데 스스로를 귀찮게 하지 말라는 뜻으로 단순히 '~을 하지 말라'는 표현보다 더 단호하면서 배려 아닌 배려를 하는 표현입니다.

All right, look. We've all been working hard lately, okay? But that's the job. So either come in tomorrow or don't bother coming back again.

이봐. 요즘 우리 모두가 열심히 일하고 있다고. 그게 일이야. 그러니까 내일 오거나 다신 안 돌아와도 돼

<모던 패밀리>

Stay out of my business

내 일에 끼어들지 마

stay out은 '나와라', '빠져라'라는 의미로. '내 일에 관여하지 말라'는 표현이 되죠. 또 누군가 내 일에 지나치게 간섭하는 경우 쓸 수 있는 표현으로는 None of your business.(신경 끄세요) / Mind your own business.(네 일이나 잘해.) 등이 있습니다.

Stay out of my business, or I'll start poking in yours.

남의 일에 관심 끄시지, 안 그러면 내가 네 일에 사사건건 들쑤실 테니까.

<콴티코>

연습해보기

01. 잘했어요. 계속 유지해요.

02. 사직할 수밖에 없네요.

03. 오늘은 이만하자.

04. 나 지쳤어.

05. 요즘 일이 날 너무 힘들게 하고 있단다.

06. 자, 이제 본론으로 들어가죠.

07. 안건에 추가하고 싶은 게 있었나요?

08. 인원 축소가 있을 거야.

09. 바로 들어갑니다!

10. 이제 마무리해줄래요?

11. 상기시켜줘서 고마워요.

12. 마감 시한이 다가오고 있어요.

13. 하루 쉬어요.

14. 네가 합류해서 기뻐.

15. 계속 보고해.

16. 감 잡았어.

17. 내 일에 끼어들지 마.

STRANGER THINGS

Netflix, Inc©

<기묘한 이야기>는 판타지 미스터리 공포물로
80년대 미국에 대한 향수를 불러일으키는 작품입니다.
<환상 특급>, <스탠 바이 미>, <ET>, <구니스>, <죠스>, <캐리>, <X-파일>이 떠오르고, 당시 인기 절정의 위노나 라이더가 주연을 맡았었죠. 남자 아이들은 주로 자전거를 타고 이동하거나 무전기를 사용합니다. 이런 복고적인 매력을 등에 업고 <기묘한 이야기>는 미국에서 순식간에 탑 순위에 오르며 화제작이 되었습니다.

CAST

- **조이스:** 윌과 조나단의 엄마. 슈퍼마켓 점원. 이혼하고 두 아들을 홀로 키우느라 아등바등 산다.
- **짐:** 호킨스 시의 경찰관이자 윌 실종사건의 수사관. 이혼하고, 딸을 암으로 잃었다.
- **일레븐:** 윌이 실종되고 나서 등장한 초능력을 가진 신비로운 소녀.
- **마이크:** 위험을 무릅쓰고서라도 친구들과 실종된 윌을 찾으려고 노력한다.
- **더스틴:** 마이크의 반 친구이자 친한 친구. 활발하고 통통하다.
- **루카스:** 윌을 찾기 위해 나침반과 새총을 가지고 떠난다.
- **윌:** 실종됨

Keyword

★ ★ ★ 5 ★ ★ ★

능력 / 경험 / 기억

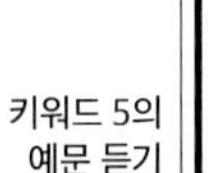

능력

show off

과시하다, 자랑하다

자기가 가진 것을 보여주듯이 털어낸다고 하여 show off는 '자랑하다'라는 뜻입니다. boast / bragging도 비슷한 뜻입니다.

Pam	You were showing off.
Jeri	It worked.
팸	당신은 과시하고 있었어.
제리	효과가 있었지.

<제시카 존스>

Chris, yes, you boasted about it.
크리스, 맞아요. 당신이 그것에 대해 자랑했었죠.

<닥터 포스터>

bragging

자랑하다

brag는 누군가 (심하게) 자랑하거나 떠벌릴 때 못마땅한 조로 내뱉는 단어입니다. 명사, 동사 두 가지로 쓰일 수 있습니다. 비슷한 표현으로는 He often talks big.(그는 종종 호언장담을 하지.) / His big talk isn't reliable.(그의 허풍은 믿을 만하지 않아.)

You were just bragging to me.

넌 그냥 나한테 자랑하고 싶었던 거야.

<걸스>

It's a bluff

그건 허풍이야

bluff는 명사로 '허세', '엄포'를 뜻하는데요. bluff라는 단어는 무언가를 부풀리는 거라고 생각하면 쉽습니다. 실제로 내가 가진 패를 상대방에게 가치가 많거나 적게 생각하도록 연기를 해야 돼서, 포커의 다른 이름도 바로 bluff입니다.

It's a bluff.

그건 허풍이야.

<제시카 존스>

get in the way of

방해하다

어떤 일이나 목표를 이루는데 그 길에 장애물이 놓여 있을 경우 방해가 되겠죠? 그런 이미지를 떠올리게 하는 숙어로 '~을 그르치다', '방해하다'라는 뜻입니다.

I don't let feelings get in the way of my work, especially old feelings that I've completely moved on from.

난 감정이 내 일을 그르치도록 하지 않아. 특히 내가 완전히 잊은 옛날 감정이라면 더더욱.

<원스 어폰 어 타임 인 원더랜드>

forte 전문 분야(강점)

포르테는 '강점', '(펜싱) 칼의 가장 강한 부분', 음악에서는 '세게'라는 의미가 있습니다. 이렇듯 무언가를 하는데 세고 강하다고 해서, 어떤 일에 특히 자신 있을 때, 잘하는 것을 말할 때 씁니다. This is my forte.(이건 내 전문 분야야). forte는 specialty로 대체 가능합니다.

I've got this. Public humiliation's really more my forte.
이건 내가 처리할게. 공적으로 모욕 주기는 내 전문이지.

<가십 걸>

be good with / be lousy with ~을 잘하다 / 서투르다

be good at은 뒤에 동작이나 행동이 주로 옵니다. 예를 들면 I'm good at memorizing numbers.(나 숫자 외우는 거 잘해.) 하지만 be good with는 뒤에 사물이나 사람이 주로 옵니다. I'm good with numbers.(난 숫자에 강해.) lousy는 어떤 일에 소질이 없고, 젬병일 때 쓰는 단어입니다.

Brennan What if I'm only good with bones and lousy with people?
Angela People like you.

브레넌 만약 내가 뼈에만 능통하고 사람들 다루는 데 엉망이라면?
안젤라 사람들은 널 좋아해.

<본스>

basket-case

노이로제가 걸린, 무능력한

반사회적 외톨이, 은둔형 아웃사이더 또는 정신적 문제가 있는 사람을 지칭하는 속어입니다. 무능력하거나 정신이 이상한 사람들이 재활 시설로 보내져서, 여생을 바구니만 만들다 갈 것이라는 말에서 유래됐습니다.

I came to see if today's basket-case period had expired.

너의 노이로제 기간이 오늘 끝났는지 보려고 왔어.

<뱀파이어 다이어리>

reputation and rank

명성과 지위

'명성을 얻다'는 earn / establish / build reputation이라고 합니다. '평판이 좋고 나쁘다'는 have a good / bad reputation이라고 하고요. rank는 (특히 높은) 지위, 계급, 서열이란 뜻입니다.

Jack is the rare exception because of his international reputation and rank.

팀장님만 드물게 예외를 받은 거예요. 왜냐면 팀장님의 국제적 명성과 직위 때문에요.

<크리미널 마인드: 국제범죄수사팀>

seasoned professional 노련한 전문가

seasoned는 '양념을 친', '경험이 많은' 두 가지 뜻이 있습니다. 비슷한 의미로는 experienced(경험이 많은) / skilled(노련한, 숙련된). 명사로는 veteran(베테랑)이 있죠. 반대로는 rookie / newbie / beginner 모두 초보자나 신입을 가리키는 말입니다.

Lemo I'm a lot older than you.
Dylan Okay. You're older than me.
Lemo A seasoned professional.

리모 내가 너보다 훨씬 더 나이가 많아.
딜런 네. 저보다 나이 많아요.
리모 노련한 전문가지.

<베이츠 모텔>

장면탐구 #11

<스트레인저 띵스> S01 E06

소리를 지르면 땅이 흔들리거나 유리창이 깨지는 건 기본이고, 절벽에서 떨어지는 친구를 공중부양으로 구해주는 일레븐은 엄청난 초능력을 지니고 있습니다. 초능력 superpower는 special power, psychic[싸이킥] power, born with abilities라고 합니다. 일레븐(제인)은 어떤 종류의 초능력을 가지고 있었을까요? 아래 예문을 통해서 알아보세요.

Joyce	What kind of abilities?
Aunt	Telepathy, telekinesis. You know, shit you can do with your mind. That's why the big, bad man stole Jane away. Her baby's a weapon, off to fight the commies.
조이스	어떤 종류의 능력이요?
이모	텔레파시, 염력 그리고 정신력으로 하는 그런 것 있잖아요. 그래서 그 덩치 큰 나쁜 놈이 제인을 빼앗아간 거라고요. 언니의 아기는 소련 당국과 맞서 싸우기 위한 비밀 병기예요.

경험

I've been there
나도 겪어봤어

'나도 경험해봤어'를 영어로 직역하듯이 I've experienced it. 이렇게 쓰실 건가요? 멋지게 회화체로 구사해보세요. I've been there. '나도 거기 가봤다 ⇨ (그런 장소나 상황에) 있어봤다 ⇨ 경험해봤다'라는 의미입니다.

> I've been there.
>
> 나도 겪어봤지.

<제시카 존스>

put one's past behind
과거는 묻어두다

과거를 뒤로 제쳐두다, 뒤로 넘긴다는 의미로, '과거는 과거로 묻어두자'는 뜻입니다. 비슷한 표현으로는 Let's move past this.(과거는 묻어두자.) / Leave the past behind.(과거는 이제 좀 정리해.)

> You know, I'd really like to put our past behind us and I hope you find what you're looking for.
>
> 이제 과거는 잊고 당신이 원하는 걸 찾기 바래요.

<걸스>

We're all gonna move past this.
우리 모두 이건 과거로 묻어두자.

<슈퍼 내추럴>

go through

겪다

go through는 어떤 일을 '거치다', '겪다'의 의미로, 보통은 뒤에 the wringer(쓰라린 경험) / hard time(힘든 시간) / a lot of things(많은 일들)처럼 안 좋은 경험이 옵니다.

You have been going through a lot lately in your life.
최근에 네가 많은 일들을 겪었구나.

<닥터 포스터>

I understand what you're going through.
네가 어떤 일을 겪고 있는지 이해해.

<원스 어폰 어 타임 인 원더랜드>

We've been through enough

우린 충분히 겪었어

똑같은 일을 지겹도록 여러 번 겪었다면 쓸 수 있는 표현으로 have been through는 경험을 나타내는 현재완료입니다.

We've been through enough.
우린 이미 충분히 겪었어.

<슈퍼 내추럴>

get used to it

익숙해지다

get used to는 뒤에 명사, 동명사(v-ing), 대명사(it / them / us / her / him)를 쓸 수 있습니다. 단 used to-v는 (과거에) '~하곤 했다'는 뜻으로, 두 가지 표현 모두 비슷하게 생겼으므로 혼동하지 마세요.

> You'd better get used to it!
> 익숙해지는 게 좋을 거야!

<더 라스트 맨 온 어스>

rumor has it

소문에 의하면 그렇지

어디서 누가 뭐했다 카더라. 이 '카더라'의 영어 표현이 rumor has it 되겠습니다. 이때 it은 딱히 지칭하는 대상은 없어요. 대신 뒤에 소문의 내용을 that S V로 만들면 됩니다. 예를 들어 Rumor has it that Steve was a gangster.(소문에 의하면 스티브가 깡패였다고 하더라.)

> Well, true, I've never seen one, but rumor has it.
> 음, 사실이야. 난 한 번도 본 적은 없지만, 소문에 의하면 그래.

<뱀파이어 다이어리>

장면탐구 #12

<스트레인저 띵스> S01 E02

Netflix, Inc©

조이스(위노나 라이더)는 실종된 막내아들 윌을 찾기 위해 사활을 겁니다. 그런데 현실적으로 재정적인 문제에 먼저 부딪치죠. 그래서 자신이 일해오던 슈퍼마켓의 매니저에게 월급의 일부를 미리 달라고 호소하는 장면입니다.
아래 대사에서는 현재완료 have p.p가 많이 쓰이고 있는데요. 현재완료의 시점이란 과거부터 현재까지 무언가를 해오고 있거나(계속), 무언가를 한 적이 있거나(경험), 이제 막 무슨 일을 마쳤거나(완료), 가버리다, 잃어버리다와 같은 (결과) 용법들이 있습니다.

Joyce I've been here ten years, right?
Have I ever called in sick or missed a shift once?
I've worked, uh, Christmas Eve and Thanksgiving.
I don't know where my boy is.
He's gone.
I don't know if I'm gonna ever see him again, if he's hurt I, uh, I need this phone and two weeks' advance. And a pack of Camels.

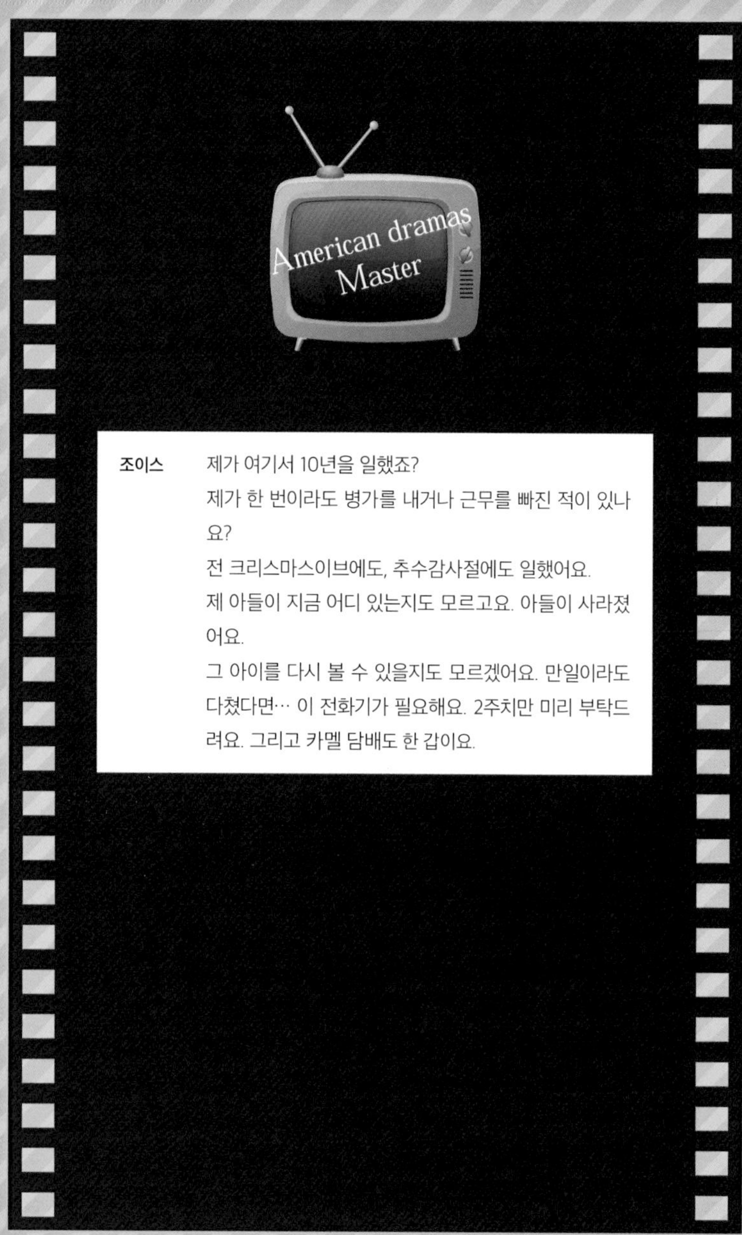

조이스	제가 여기서 10년을 일했죠? 제가 한 번이라도 병가를 내거나 근무를 빠진 적이 있나요? 전 크리스마스이브에도, 추수감사절에도 일했어요. 제 아들이 지금 어디 있는지도 모르고요. 아들이 사라졌어요. 그 아이를 다시 볼 수 있을지도 모르겠어요. 만일이라도 다쳤다면… 이 전화기가 필요해요. 2주치만 미리 부탁드려요. 그리고 카멜 담배도 한 갑이요.

기억

remember / forget

기억하다 / 잊어버리다

'기억하다'와 '잊어버리다'는 사용 빈도수가 높은 동사들인 만큼 사용법은 꼭 알고 있어야겠죠? 뒤에 단순히 명사형도 올 수 있지만, to-v / v-ing(동명사)도 올 수 있습니다. to-v를 쓰게 되면 '미래에 할 일을 기억하다 / 잊어버리다', v-ing를 쓰면 '과거에 했던 일을 기억하다 / 잊어버리다'가 됩니다.

You remember a lot more than you think you do.

당신이 생각하는 것보다 훨씬 더 많은 걸 기억하는군요.

<리미트리스>

Remember, I'm not your partner or your girlfriend anymore, I'm not your friend. I'm your boss.

기억해둬. 난 더 이상 당신의 동료도, 애인도, 친구도 아니라는 걸.
난 당신의 상사야.

<콴티코>

I saved you from drowning. I could just as soon toss you back in. Don't forget that, okay?

당신이 익사하고 있을 때 내가 구해줬지. 다시 물속으로 집어넣을 수도 있으니까. 잊지 마, 알았어?

<콴티코>

Don't forget to turn in your red handles on your way out.
나가면서 자네들의 붉은색 훈련 총 반납하는 것을 잊지 말도록.

<콴티코>

ring the(a) bell

상기시켜주다, 기억나다

전화나 초인종을 울린다는 의미 외에도, 무언가를 상기시켜줄 때 쓰이는 비 격식 표현으로 remind / remember와 의미가 같습니다.

You don't have to ring the bell.
다시 상기시켜줄 필요 없어.

<닥터 포스터>

Doesn't ring a bell.
기억이 안 나는데.

<가십 걸>

slipped one's mind

깜빡했다

직역하면 '내 머릿속에서 생각(기억)이 미끄러져 나가버렸다'는 의미로, 무언가를 깜빡하거나 잊었을 때 쓰입니다.

It just must've slipped my mind with all this going on.
이 모든 일 때문에 제가 잠시 깜빡했었나 봐요.

<가십 걸>

I spaced

깜빡했다

'스페이스를 쳤다,' '공백을 남겼다.' 머릿속에 공백이 들어갔다는 말인데요. 무언가를 깜빡했을 때, 멍 때리고 있었을 때 쓰는 재밌는 표현입니다. 비슷한 표현으로 My memory escapes me.(기억이 나에게서 탈출한다. ⇨ 기억이 나지 않는다.)가 있습니다.

Shit! I spaced. I forgot to buy her a present.
이런! 깜빡했다. 친구 선물 사는 걸 잊어먹었네.

<섹스 앤 더 시티>

black out

기억을 잃다, 필름이 끊기다

갑자기 암전된 것처럼 아무것도 기억나지 않을 때는? black out이라고 합니다. 술을 마시고 그 다음 날 기억나지 않을 때, 아니면 일상생활을 하던 도중 기억이 갑자기 나지 않을 때 모두 쓸 수 있습니다. 비슷한 표현으로는 passed out(정신을 잃고 쓰러지다) / fainted(기절하다)가 있습니다.

Tyler I'm an angry guy. You know, it just amplifies and then I go off.
Mason You black out?
Tyler Yeah. It's like I go blind with rage.

타일러 전 그냥 화가 많아요. 화가 증폭되고 나면 그냥 정신을 잃어요.
메이슨 필름이 끊기니?
타일러 네. 분노로 눈이 머는 것처럼.

<뱀파이어 다이어리>

flashback

회상(장면)

플래시백은 보통 영화나 드라마에서 주인공의 과거 회상을 나타낼 때 쓰는 기법인데, 회화에서도 회상이란 의미로 쓰입니다.

Sam Well, it's not just the flashbacks anymore.

Dean What does that mean?

Sam It means I'm having a difficult time figuring out what's real.

샘 이건 단순히 회상 수준이 아냐.

딘 그게 무슨 말이야?

샘 뭐가 현실인지 구분하기 어려워지고 있다고.

<슈퍼 내추럴>

unconscious

의식을 잃은, 무심결의

누군가 정신을 잃었을 때 쓰이는 단어로 conscious(의식하는) / unconscious(의식을 잃은) / subconscious(잠재의식인) 3종 세트로 알아두세요.

Bonnie I've been doing a lot of magic lately.
Wears me down.

Jeremy When I'm worn down, I take a nap.
You were unconscious.

보니 요즘 마법을 많이 했더니, 녹초가 되었어.

제레미 내가 나가떨어질 땐, 낮잠을 자. 누난 정신을 잃었었다고.

<뱀파이어 다이어리>

장면탐구 #13

<뱀파이어 다이어리> S02 E08

스테판과 데이먼은 뱀파이어 형제입니다. 오래전에 동생인 스테판이 먼저 뱀파이어가 되었고, 후에 데이먼도 스테판으로 인해 뱀파이어가 되어버린 걸로 대사가 나오죠. 데이먼은 듣기 싫은 과거 얘기가 나오자 rehash라는 단어를 쓰는데요. 뜻은 '되풀이하다', '재탕하다'로, 못마땅한 상황에서 내뱉을 때가 많으니 주의하세요.

Stefan	I'm sorry.
Damon	About what?
Stefan	For being the guy who made you turn 145 years ago.
Damon	Enough, Stef. It's late. No need to rehash that.
스테판	미안해.
데이먼	뭐가?
스테판	145년 전에 형을 뱀파이어로 만들어서.
데이먼	됐어. 이미 늦었어. 되풀이할 필요 없다고.

연습해보기

01. 당신은 그것에 대해 자랑했었죠.

02. 이건 내가 처리할게.

03. 이게 내 전문이지.

04. 그는 노련한 전문가야.

05. 나도 겪어봤어.

06. 이건 과거로 묻어두자.

07. 최근에 네가 많은 일들을 겪었구나.

08. 우린 이미 충분히 겪었어.

09. 익숙해지는 게 좋을 걸.

10. 소문에 의하면 그래.

11. 기억이 안 나는데.

12. 제가 잠시 깜빡했었나 봐요.

13. 내가 깜빡했어.

14. 되풀이할 필요 없어.

★ the BIGBANG THEORY ★

© 2017 CBS Interactive.

천재 과학자들의 일상과 사랑을 그린 코미디 시트콤으로 시즌 10까지 나왔으며, 현재에도 IDMb 탑 순위권에 머물면서 많은 사랑을 받고 있습니다.
주인공들의 괴짜 같으면서도 찌질한 면이 웃음을 주기도 하고, 사랑에 관해서도 온갖 과학적 이론과 공식을 끌어와 범상치 않은 대화를 나눕니다.
괴짜 같은 이들을 보고 있으면 처음엔 생소하고 이해하기 힘들지만, 자꾸 보다 보면 그들의 매력 속으로 빠져듭니다.
과학과 관련한 전문 용어들이 많이 나오므로, 처음엔 다소 어렵게 느껴질 수 있습니다.

CAST

- **쉘던:** 칼텍에 다니는 물리학자. 베프인 레너드와 함께 산다. 비상한 두뇌를 가졌지만, 유별난 행동을 보인다. 자기애가 강하고 논리적이라 비꼬는 말을 잘 이해하지 못한다.
- **레너드:** 범생이 친구들과 집에서 편하게 노는 것을 즐기지만, 좀 더 사교적인 성격이 되고 싶다. 즉 범생이 아닌 사람들과 어울려 지내길 원한다. 금발의 아름다운 페니가 옆집으로 이사온 순간, 반한다.
- **페니:** '치즈 케이크 팩토리'에서 일하는 웨이트리스. 할리우드에서 여배우가 되는 게 꿈이다. 활발하여 사람들과 잘 어울리고, 가장 일반적이다.
- **사이먼:** 슈퍼 히어로와 코믹 북의 광팬이다.
- **라지:** 여자 앞에서 말을 잘 못 한다.

Keyword

6

학교생활

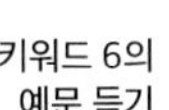

학교생활

flunked

낙제되다, 떨어지다

시험에서 '낙제하다' failed / flunked 과목명을 쓰는데요. flunk는 앞뒤로 사람을 붙여서 누가 누구를 낙제시켰는지도 표현 가능합니다. 예를 들어 Mr. Park flunked me.(박 선생님이 날 떨어뜨리셨다.) 또 I flunked chemistry.(난 화학시험에서 낙제했다.) / I was flunked.(난 시험에서 낙제했다.) 수동태로도 쓰이죠.

Walt	Did you learn nothing from my chemistry class?
Jesse	No. You flunked me. Remember?
Walt	No wonder.
월트	내 화학 수업에서 아무것도 못 배웠니?
제시	아뇨. 선생님이 절 낙제시키셨잖아요. 기억나요?
월트	그럴 만도 했구나.

<브레이킹 배드>

term

임기, 기간, 조건, 학기, 용어

term은 많은 뜻을 가졌기에 필수 어휘로 외워야 합니다. mid-term은 중간 고사. 기말 고사는 final exam / finals라고 합니다. 시험을 친다고 할 땐 take 동사를 써서 take a test / take an exam이라고 씁니다.

Student Is this gonna be on the mid-term?

Walt The chirality on the mid-term? No, no, well, maybe, maybe, yes, you know, but prepare for it to be on the mid-term.
Can't hurt to know it, right?
Knowledge is power!

학생 이거 중간고사에 나와요?

월트 분자 비대칭성? 아니. 음, 아마도. 그럴 수 있어.
그러니 시험 공부해놔. 알아서 나쁠 거 없잖아.
지식이 곧 힘이니까.

<브레이킹 배드>

semester

학기

미국은 학기가 가을에 시작하여 Fall Semester가 1학기, Spring Semester는 2학기입니다. 종강은 end of semester. '휴학했다'는 took the semester off 라고 씁니다.

I'm revoking your tanning privileges for the rest of the semester.
이번 학기까지 너희들의 태닝 권한을 파기한다.

<글리>

apply oneself

학업에 전념해라

어딘가에 자신을 전념시킨다는 의미로 학생한테는 '공부 열심히 해라', '학업에 매진하라'는 의미가 됩니다.

Apply yourself!
학업에 전념해라.

<브레이킹 배드>

get picked on

괴롭힘당하다

pick on은 누군가를 괴롭힌다는 의미이고, 괴롭힘을 당한다면 수동태로 써서 be(get) picked on이라고 말합니다. 비슷한 표현으로는 bullying(따돌림)이 있는데, bully는 '(약자를) 괴롭히는 사람', bullied는 '괴롭힘 당하는 사람'을 가리킵니다.

I used to get picked on at school too.
삼촌도 학교에서 괴롭힘당하곤 했었단다.

<모던 패밀리>

get kicked out of

쫓겨나다

학교에서 쫓겨날 일은 없어야겠지만, 공처럼 차이듯이 어딘가로 멀리 날아간다고 상상하면 '쫓겨난다'는 뜻이 되겠죠. get(be) kicked out of 수동태로 씁니다.

Look, you'll get kicked out of school. You'll lose your football scholarship.

이봐, 학교에서 넌 쫓겨나게 될 거고, 미식축구 장학금도 잃게 될 거야.

<글리>

drop out of

중도포기하다

수강하던 강좌를 포기할 때도 '드랍'했다고 말하죠? 이처럼 '~에서 나오다', '중도포기하다'를 drop out of라고 합니다.

Me and my high school sweetheart Vinnie were convinced we were going to be stars so we dropped out of school and hitchhiked our way to the Broadway.

나랑 내 학창시절 남친은 우리가 스타가 될 거란 확신이 있었어. 그래서 학교를 그만두고 브로드웨이로 차를 얻어 타고 갔지.

<글리>

minored in

부전공하다

'전공하다'는 majored in, '이중 전공'은 double major라고 합니다. "What's your major?(전공이 뭐야?)" 상대방이 물어온다면, "I majored in ____________________." 이렇게 대답하면 됩니다. 각자의 전공을 한번씩 말해보세요.

* Visual Design(시각디자인) / Composition(작곡과) / Modern Dance(현대무용) / Architecture(건축학) / Business Administration(경영학) / Statistics(통계학) / Law(법학) / Mass Communication(신문방송학) / Political Science(정치학) / Japanese(일본어) / English Literature(영문학) / Physical

Education(체육교육) / Flight Operation(항공운항과) / Biology(생물학) / Chemistry(화학) / Health and Welfare(보건복지과) 등

Sheldon He's a research assistant in the particle physics lab, but he also minored in theater at MIT.

Toby It was more of a double major, actually. Theater and physics.

쉘든 얘는 입자 물리 연구실 보조 연구원인데, MIT에서 연극 부전공도 했어.

토비 정확히 말하면 이중 전공이죠. 연극과 물리학.

<빅뱅 이론>

take over

인수하다

take over는 (기업 등을) '인수하다', '책임을 떠맡다', '임무를 이어받다'라는 의미로 쓰입니다.

Who's gonna take over Glee Club?

누가 글리 클럽을 인수하지?

<글리>

장면탐구 #14

<빅뱅 이론> S01 E12

파티에 온 세 사람은 주목도 못 받고, 인기가 없자 서로 푸념하기 시작합니다. 그런데 북한에서 온 천재소년 데니스는 이성을 쉽게 사귀는 듯 보입니다. 그 광경을 본 사이먼이 말합니다. "Smart is the new sexy." 사람의 성격이라든지, 행동, 겉모습이 호감 가지 않을 때는 비 격식으로 off-putting이라고 합니다.

Simon	Smart is the new sexy.
Leonard	Then why do we go home alone every night? We're still smart.
Raj	Maybe we're too smart. So smart it's off-putting.
사이먼	스마트가 새로운 섹시함이야.
레너드	그럼 우린 왜 매일 밤 집으로 혼자 돌아가지? 우린 여전히 똑똑한데.
라지	아마 우린 너무 똑똑한가봐. 너무 똑똑한 건 불쾌하지.

GPA

학점

Grade Point Average의 약자로 학교 평점, 학점을 가리킵니다.

Steve	What's your GPA again? 3.999?
Nancy	Kaminsky's tests are impossible.
Steve	Well, then, just let me help.
Nancy	You failed chem.
Steve	C-minus.
스티브	학점이 몇이라고? 3.999?
낸시	카민스키 선생님의 시험은 어렵거든.
스티브	그럼 내가 도와줄게.
낸시	넌 화학 낙제했잖아.
스티브	(낙제 아닌) C-라고.

<스트레인저 띵스>

SAT

대입 시험(수능)

미국의 대학입학 자격시험. 미국 대학에 진학할 때 입학 사정에 반영되며, 여러 개의 시험을 통틀어 말합니다. 그 중 SAT 논리력 시험(SAT Reasoning Test)은 한국의 수능과 같은 표준화된 시험입니다.

Will	Emma, what are you doing here so late?
Emma	I do SAT Prep on Tuesday nights.
윌	엠마, 밤늦게 여기서 뭐해요?
엠마	화요일에는 SAT 준비반 가르쳐요.

<글리>

PTA

학부모회

PTA는 Parent Teacher Association의 줄임말입니다. 미국 학교는 학교의 운영을 상당 부분 이 PTA에서 이끌어갑니다. 주요 행사의 기획 및 진행까지 도맡아서 하다 보니, 영향력도 크고 학교의 명성에도 큰 역할을 합니다.

He's coming to the PTA Event.

그가 학부모회에 온대.

<글리>

degree

학위

학사 학위를 Bachelor's degree, 석사 학위를 Master's degree, 박사를 Doctor's degree / doctorate(Ph. D)라고 합니다. 아래 예문을 보면 18개 학위? '헐' 하고 입이 벌어지는 분들 계실까봐 설명 덧붙이자면, 수백 년을 산 뱀파이어가 한 대사입니다.

I have 18 degrees, three masters and four Ph.D.s.

난 석사 3개, 박사 4개, 총 18개의 학위가 있어.

<뱀파이어 다이어리>

I have a bachelor's degree (in Baltic-Slavic languages).

저는 (발트 슬라브족 언어에) 학사 학위가 있습니다.

<니키타>

sophomore

2학년

미국은 유치원/초등학교-중학교-고등학교, 합이 13년이 되어야 합니다. 그래서 지역마다 좀 다르지만, 7-3-3이나 6-3-4, 아니면 7-2-4가 되는데, 고등학교 기준으로 1학년을 freshman, 2학년을 sophomore, 3학년을 junior, 4학년을 senior라고 합니다.

> Look, I know I'm just a sophomore. But I can feel the clock ticking away and I don't want to leave high school with nothing to show for it.
>
> 제가 아직 2학년인 건 알아요. 그렇지만 시간은 자꾸 흐르고 있고, 아무것도 못 이룬 채 졸업하고 싶진 않아요.

<글리>

get great grades

점수를 잘 받다

우리나라에선 100점 만점 숫자로 채점하죠? 이때 점수는 score에 가깝지만, A, B, C로 나뉘는 미국식 점수 제도에는 grade를 씁니다. 그래서 점수를 잘 받을 때 get great(good) grades. 올 A면? get straight A's.라고 합니다.

> You get great grades.
>
> 너 점수 잘 받잖아.

<글리>

after-school detention

방과 후에 남기

학생에 대한 벌로서 방과 후에 남게 하는 것을 detention이라고 합니다. 우리나라 방과 후 보충수업 개념과는 좀 다른 의미죠.

I'm monitoring after-school detention.

나 방과 후 감시 맡았어.

<글리>

permanent record

영구적인 기록

permanent record라 하면 지워지지 않을 어떤 기록으로, 안 좋은 사건에 휘말렸을 때 쓰는 말입니다. 우리나라로 치면 생활기록부에 영구적으로 남게 되는 것이죠.

But that's gonna remain on your permanent record.

하지만 그건 학적부에 기록이 남게 될 거다.

<글리>

give full ride

전액 지원해주다

가는 목적지(졸업)까지 돈 한 푼 안 받고 끝까지 태워다준다는 의미로, 일종의 scholarship(장학금)처럼 전액 지원해준다는 뜻입니다.

There are very few students that ever get athletic scholarships. But there are a lot of schools that give full rides to students who excel in music.

체육 장학금을 받는 학생들은 적지만, 음악에 재능을 보이는 학생들에겐 전폭 지원해주는 학교가 많단다.

<글리>

caning

체벌

미국에서는 체벌이 없습니다. 대신 엄격한 학교 규정이 있고, 이를 어길 시 경고를 받거나 심한 경우 퇴학조치를 당합니다.

You know, caning has fallen out of fashion in the United States.

아시다시피, 체벌이 미국에선 이제 구식이 되어버렸죠.

<글리>

dismissed

해산

dismissed는 수업이 끝나고 선생님이 하는 말로 이제 가도 좋다고 허락해 주는 말입니다. 법정에서는 판사가 재판을 기각할 때 쓰는 말이고, 회사에서는 해고당한다는 의미로 쓰입니다.

Dismissed. Ruck, in my office in five minutes.

해산. 럭, 내 사무실로 와요. 5분 뒤에.

<글리>

do laps

운동장 한 바퀴 뛰다

lap은 트랙의 한 바퀴를 말하는데요. '운동장 한 바퀴를 뛰어라'라고 할 땐, run laps보다 do laps를 씁니다. 그렇다면 '푸쉬업 해'는? Do push-ups. 맞습니다. 쓰임이 비슷하죠?

You don't listen, you do laps.

말 안 들으면 운동장 한 바퀴 뛴다.

<글리>

bloodshot

눈 충혈

밤샘 공부를 하다 보면 눈이 충혈된 상태로 학교에 가죠? 그때 핏발이 서 보인다는 표현을 bloodshot이라고 합니다.

You been sleeping okay? Your eyes look a little bloodshot.

잘 자고 있는 거야? 네 눈이 충혈돼 보여.

<글리>

blind spot

취약점

blind spot은 특히 운전 중인 도로의 사각지대를 가리키는데요. 비슷한 맥락으로 어떤 한 지점을 보지 못하는 안구의 '맹점'이 될 수도 있고, 어떤 한 분야를 잘 모른다는 의미에서 '취약점'을 뜻하기도 합니다.

I get that this area of interest is your blind spot, but I want to help you.

당신이 이쪽 분야에 대해 취약한 건 알지만, 내가 도와주고 싶어요.

<글리>

quarterback

쿼터백

미국에서는 인기 있는 스포츠 동아리들이 있는데요. 미식축구, 수상 폴로, 하키 등입니다. 보통 이 동아리들의 캡틴, 아니면 미식축구에서 쿼터백을 맡았다고 하면, 그 학교의 킹카로 자동 등극되죠. 마찬가지로, 여자는 치어리더들이 인기가 많습니다.

You're the quarterback.

넌 쿼터백이야.

<글리>

sorority

여학생 사교 클럽

미국의 대학 동아리 중엔 sorority 여학생 사교 클럽, fraternity 남학생 사교 클럽이라는 것이 있습니다. 쉽게 말하면, 파티를 주로 하는 친목 동아리인데요. 미국에서 두드러지는 문화죠. 이 두 클럽은 역사도 길고 말도 많습니다. 소위 잘 놀고, 잘나가는 애들 위주로 뽑으려고 하기 때문에 가입 기준도 까다롭습니다.

I'm sorry to interrupt your little sorority but I couldn't help but overhearing.

너희들의 여학생 친목 모임을 방해하려고 한 건 아니지만, 어쩔 수 없이 엿듣게 되었어.

<글리>

clichc

진부한, 뻔한

진부한 표현이나 고정관념을 뜻하는 프랑스어로 [클리셰]라고 발음합니다. 습관적으로 쓰여 뻔하게 느껴지는 표현이나 캐릭터를 두고 하는 말입니다.

> Look, you have your popular clique and your football and your cliché of a blonde girlfriend. Glee is my one shot. If this doesn't work out then my whole high school life will be nothing but an embarrassment.
>
> 너한텐 인기 있는 친구들과, 미식축구, 뻔한 금발 여친이 있겠지만, 내가 가진 건 글리뿐이야. 이 일이 제대로 되지 않으면, 고등학교 시절 내내 난 모욕감을 느낄지도 몰라.

<글리>

장면탐구 #15

<글리> S01 E02

© Glee Wikia

미국식 졸업 파티를 prom이라고 하는데요. 이 날은 옷을 멋지게 차려입고, 맛있는 음식을 먹고, 각자 정해놓은 파트너와 춤을 춥니다. 하지만 그보다 더 흥미로운 점은, 싱글인 경우엔 졸업 파티 전까지 파트너를 구해야 하는데, 파티에 같이 가자고 청하면 곧 고백으로 받아들여집니다. 프롬 시즌이 다가오면 부랴부랴 고백하는 사람들이 많아지고, 인기 많은 남학생들은 품귀 현상이 일어납니다. 행사의 하이라이트는 프롬 킹과 퀸을 뽑는 것입니다.

Quinn We are in line to be the most popular kids in the school over the next couple years.

Pinn Yeah, I know.

Quinn (We can be) Prom king and queen.

퀸 우리 이제 몇 년 안에 학교에서 최고의 커플이 될 수 있어.

핀 그래. 알아.

퀸 졸업 파티 킹카와 퀸카가 될 수 있다고.

연습해보기

01. 이거 중간고사에 나와요?

02. 학업에 전념해라.

03. 학교에서 쫓겨나게 될 거야.

04. 우린 학교를 중도 포기했어.

05. 누가 글리 클럽을 인수하지?

06. 스마트가 새로운 섹시함이야.

07. 학점 몇이야?

08. 그녀가 학부모회에 온대.

09. 저는 학사 학위가 있습니다.

10. 전 2학년이에요.

11. 너 성적 잘 받잖아.

12. 해산!

13. 운동장 한 바퀴 뛰어!

14. 네 눈이 충혈돼 보여.

15. 넌 쿼터백이야.

16. 우린 졸업 파티 킹카, 퀸카가 될 수 있다고.

★ Breaking Bad ★

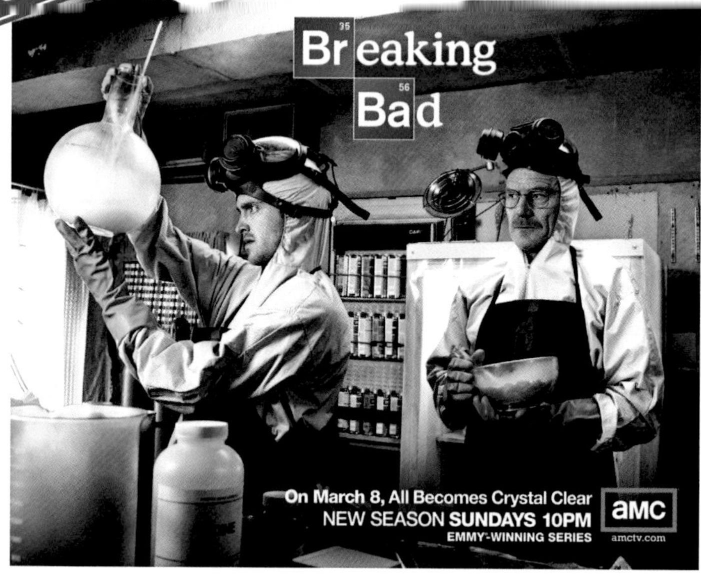

죽기 전에 봐야 할 미드로, 브레이킹 배드는 폐암 말기의 시한부를 선고 받은 평범한 고등학교 화학 교사 월터 화이트가 가족을 위해 마약을 제조하면서 벌어지는 이야기입니다. 특히나 이 드라마는 2013년 최우수 드라마상을 포함해 10번의 프라임타임 에미상 수상, 피바디상과 미국영화연구소 선정 '올해의 10대 프로그램'으로 뽑혀서 작품성도 인정받았습니다. 또한, 기네스북에 최고로 높은 평가를 받은 TV 시리즈로 등극한 것도 놀라운 사실이죠. 탄탄한 스토리라인과 신선한 소재 덕분에 처음 보는 누구나 빠져들 정도로 흡입력과 구성력이 좋습니다.

CAST

- **월터:** 한때 노벨화학상의 후보였지만 지금은 평범한 고등학교 화학 선생님. 뇌성마비의 아들과 임신한 아내가 있다. 폐암 시한부 선고를 받고, 가족에게 돈을 남기기 위해 마약 제조에 뛰어든다.
- **제시:** 월터의 오래된 제자. 월터와 함께 마약 제조를 하고, 거리에 나가 거래를 한다. 항상 문제를 달고 다닌다.
- **행크:** 마약 단속반 형사. 월터의 동서. 터프하고 유쾌하다.
- **스카일러:** 현모양처. 암에 걸린 남편을 끝까지 놓지 않으려고 한다.
- **월터 주니어:** 태어날 때부터 지체장애가 있어 놀림을 받는다.

Keyword

7

돈 / 거래

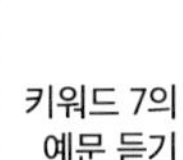

돈 / 거래

make a living

생계를 꾸리다

제 밥값도 못 할 땐 can't make a living / 근근이 살아간다면 barely make a living / 안락하게 사는 건 make a comfortable living / 살림이 넉넉하다면 make a good living이라고 합니다.

I'm just trying to make a living.
난 단지 생계를 유지하려는 것뿐이야.

<제시카 존스>

What a bargain!

좋은 거래군요

bargain 거래라는 뜻이지만, 저렴한 물건이나 헐값에 얻은 물건을 말하기도 합니다. 무언가를 싸게 샀을 때, 흥정이 잘됐을 때 쓰는 표현이죠. 비슷한 표현으로는 That's a great deal.(잘 샀네.) / That's cheap.(싸다.) 등이 있습니다. 반대로 ripped off는 뜯겼다는 의미가 있어서 '바가지를 썼다'는 표현은 What a rip off!(완전 바가지다!) / I got ripped off.(나 바가지 당했어.) / It's a rip off.(바가지네.)라고 씁니다.

What a bargain!
참 좋은 거래네요.

<제시카 존스>

I believe we have a bargain.

우리 거래한 걸로 알고 있는데.

<뱀파이어 다이어리>

deal-breaker

계약을 파기하는 것

deal은 '거래'나 '계약'을, breaker는 깨는 사람이 되겠죠? 그래서 '계약을 파기하는 사람', 또는 '약속을 어긴 사람', 연인 사이에선 '관계를 깨뜨린 요인이나 사람'이 됩니다.

I figured that might be a deal-breaker.

그게 계약을 파기하는 것이 될 수도 있어.

<브레이킹 배드>

make a deal

거래하다

'계약을 맺다', '협상하다', '거래하다'의 뜻으로 Let's make a deal.(거래합시다.) / Shall we make a deal?(거래할까요?) / How about making a deal?(거래하는 게 어때요?) 다 같은 표현입니다.

How about we make a deal?

우리 거래하는 게 어때?

<원스 어폰 어 타임 인 원더랜드>

even trade

공정한 거래

even은 '짝수', '비긴', '동등한', '공정한', '고른(일정한)', '딱 맞아떨어지는' 뜻이 있습니다. trade는 '무역', '거래'라는 뜻이고요. even trade는 fair deal로 바꿔쓸 수 있습니다.

Sounds like an even trade.

공정한 거래처럼 들리는군.

<워킹데드>

I got it covered

내가 알아서 할게

cover의 기본적인 뜻부터 살펴보면, '씌우다', '덮다', '엄호하다', '(누군가의 일을) 대신하다', '말을 둘러대다', '보도(취재)하다', '포함하다', '보장하다', '돈이 되다' 등 아주 다양합니다. 그래서 상황에 따라 '내가 처리할게', '내가 알아서 할게', '내가 대타 뛸게', '내가 해결했어' 등 여러 가지 의미로 해석될 수 있습니다.

Marnie Rent is due next week.

Hannah Yeah, I got it covered.

마르니 월세 다음 주까지야.

한나 응, 내가 알아서 낼 거야.

<걸스>

장면탐구 #16

<브레이킹 배드> S02 E05

제시에게 집을 보여주는 집주인 제인입니다. 극 중에서 제시의 여자친구가 되고, 후에 제시카 존스의 여주인공으로 발탁되죠. 제인은 집 거래를 하면서 계속 줄임말을 쓰는데, 이것이 제시를 당황스럽게 만듭니다. 아래 대화문에 쓰인 약자들을 살펴보세요.

Jane	And you're good with NPNS?
Jesse	Sorry. What?
Jane	In the ad? No smoking, no pets.
제인	그리고 NPNS인데 괜찮죠?
제시	미안해요. 뭐라고요?
제인	광고에 쓰였잖아요. 금연이고, 애완동물 못 키워요.
Jane	And in addition to first and last, I want two more months. DBAA fee, non-refundable.
Jesse	Yeah, of course. No problem. DBAA. Obviously, yeah. All right. So, what's DBAA?
Jane	Don't be an asshole.
Jesse	Gotcha.
제인	그리고 덧붙여서 두 가지 더요. DBAA 요금. 환불 안 됨.
제시	물론이죠. 문제없어요. DBAA 당연하죠. 근데 DBAA가 뭐죠?
제인	개자식이 되지 말기.
제시	알겠어요.

put ~ on a credit card 카드로 결제하다

신용카드를 뜻하는 속어로는 plastic이 있습니다. 현금으로 결제할 때는 pay in(by) cash. 체크카드는 영미권에서 debit card라고 한다는 점 잊지 마세요.

> Can I just put that on a credit card?
> 그것 좀 카드로 결제해도 될까요?

<브레이킹 배드>

installment plans 할부

카드로 결제할 때 할부는 pay in(by) installments, 일시불은 pay in full이라고 하는데요. pay a lump sum / single payment도 모두 일시불을 가리킵니다. 무이자는 interest-free입니다.

> There's financing, there's installment plans.
> 파이낸스도 있고, 할부도 있어요.

<브레이킹 배드>

Don't get hung up on money 돈에 너무 목매지 마

get hung up은 어딘가에 '집착하다', '사로잡혀 있다'는 의미로 be obsessed with와 비슷한 표현입니다. hang up은 전화상으로 '끊는다'는 의미도 있으니 참고하세요.

Come on. Don't get hung up on money here.
왜 그래. 돈에 너무 목매지 마.

<브레이킹 배드>

collateral 담보, 부수적인

담보 외에도 '부수적인'이라는 뜻이 있어서, collateral benefits(부수적인 혜택) / collateral damage(부수적인 피해)를 말하죠. 대출은 loan이라고 합니다.

I like doing business with a family man. There's always a lot of collateral.
가정이 있는 남자와 거래하는 것은 늘 좋지. 담보로 잡아둘 게 많거든.

<브레이킹 배드>

Stefan, it's collateral damage.
스테판, 그건 부수적인 피해라고.

<뱀파이어 다이어리>

pitch in

한몫 거들다, 협력하다

여러 사람들이 각자의 몫을 내서 협력한다는 말입니다. 아래의 예문처럼 가사 일이 될 수도 있고, 친구들끼리 n분의 1로 식사비를 낼 때, 또는 돈을 걷어서 누군가에게 도움을 줄 때 등 두루 쓰이는 표현입니다. 비슷한 표현으로는 chip in이 있습니다.

Okay, but remember, having a dog is a major responsibility. Everyone in the family has to pitch in.

좋아, 하지만 기억해. 개를 키운다는 건 엄청난 책임을 요구하는 일이야. 가족 모두가 협력해야 돼.

<모던 패밀리>

장면탐구 #17

<사인필드> S04 E22

드레이크의 약혼 선물로 뭘 사야 할지 다들 고민하고 있을 때, 일레인이 돈을 걷어서 다 같이 선물을 사자고 제안하는 장면입니다. 그때 쓰이는 게 chip in(각출하다, 돈을 조금씩 낸다)입니다. 비슷한 표현으로는, 모자 안에 돈을 넣으라는 의미에서 pass the hat, pass around the hat이 있는데요, 불쌍한 사람을 위해서 돈을 적선하는 느낌이 강해서 chip in이 널리 쓰이게 되었습니다.

Elaine	Hey, you know what, maybe we should all chip in for the gift.
Jerry	The chip-in!
Elaine	Hey, a pretty good idea, huh?
Jerry	Yeah!
일레인	저기 있잖아. 우리 선물 사는 데 돈을 걷는 것이 좋겠어.
제리	돈 걷기!
일레인	괜찮은 생각이지?
제리	응.

sky high stacks 돈다발

원래 sky-high stack은 '아주 높은 굴뚝'을 말합니다. 돈을 그만큼 높이 쌓겠다는 거죠. 그래서 '액수가 어마어마한 돈'을 가리킬 때 쓰입니다.

The point here is to make money, right? Sky-high stacks.
지금 중요한 건 돈을 버는 거잖아요. 맞죠? 그것도 돈다발.

<브레이킹 배드>

fat stacks, dead presidents 돈

fat stacks는 두툼한 지폐 더미를, dead presidents도 돈을 의미합니다. 왜냐면 미국 달러에 죽은 대통령들이 새겨져 있죠? 그래서 죽은 대통령은 돈을 가리킵니다. 재밌는 슬랭이죠.

* 조지 워싱턴(1달러) / 에이브러햄 링컨(5달러) / 알렉산더 해밀턴(10달러) / 앤드류 잭슨(20달러) / 율리시스 S. 그랜트(50달러) / 벤자민 프랭클린(100달러)

Fat stacks, dead presidents. Cash money.
돈, 돈, 돈.

<브레이킹 배드>

장면탐구 #18

<가십 걸> S06 E01

예전에 이병헌과 송혜교가 나왔던 <올인>이라는 유명한 드라마가 있었습니다. 올인(all in)은 '자신이 가진 전부를 걸겠다'는 의미로, <가십 걸>에서도 블레어가 한 대사인데요. 아버지와의 대립으로 어려움에 빠진 척을 구하겠다는 마음이 엿보이죠. 척 역시 둘의 관계를 위해 베팅을 한 번 걸어보겠다고 응답합니다. 경마장이나 어느 팀에 내기를 건다면 'My bet's on 말 이름/팀 이름' 이렇게 응용하시면 됩니다.

Blaire	But like I said in the casino, I'm all in.
Chuck	My bet's on us.
블레어	카지노에서 말했다시피 난 올인이야.
척	나도 우리에게 걸게.

연습해보기

01. 난 생계를 유지하려는 것뿐이야.

02. 좋은 거래군요!

03. 그게 계약을 파기하는 것이 될 수도 있어.

04. 우리 거래하는 게 어때?

05. 공정한 거래처럼 들린다.

06. 내가 알아서 낼 거야.

07. 그것 좀 카드로 결제해도 될까요?

08. 돈에 너무 목 매지 마.

09. 가족 모두가 협력해야 돼.

10. 우리 선물 사는데 돈을 걷는 것이 좋겠어.

11. 지금 중요한 건 돈을 버는 거잖아.

12. 돈, 돈, 돈.

13. 난 올인이야.

14. 난 LA 다저스에 걸게.

JESSICA JONES

NETFLIX
A NETFLIX ORIGINAL SERIES
MARVEL
JESSICA JONES
HELL'S KITCHEN HAS A NEW HERO

Netflix, Inc©

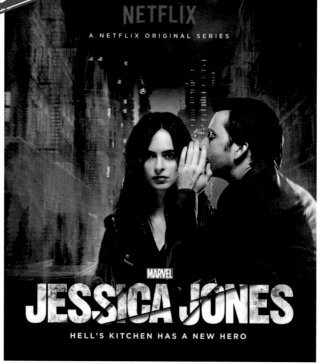

넷플릭스와 마블에서 손을 잡고 디펜더스 시리즈를 출시하는데, 그 중 데어데빌, 루크 케이지, 아이언 피스트와 함께한 두 번째 작품인 제시카 존스입니다. 예쁜 여주인공과 그 여주인공을 사랑하는 악당 퍼플맨이 등장합니다. 특이한 이들의 조합만큼이나 스토리도 탄탄하여 호평을 받은 작품이죠. 드라마의 분위기는 다크하고, 하드코어적인 면들이 가끔 튀어나와서 호불호가 갈릴 수 있습니다.

CAST

- **제시카 존스:** 슈퍼히어로를 그만두고 사립 탐정으로 전업을 꾸려나간다. 일반인보다 월등한 힘과 점프(비행) 능력을 가진다. 과거에 상처가 많아 어둡고 냉소적이다.
- **킬그레이브:** 제시카 존스의 천적. 보라색을 좋아해서 퍼플 맨이라고도 불린다. 남의 마음을 조종할 수 있는 마인드 컨트롤 능력이 있다. 제시카를 의외로 짝사랑해서 쫓아다니는 스토커이지만, 무서울 땐 무섭다.
- **루크:** 제시카의 단골 술집 바텐더. 제시카와 '므훗한' 관계. 후에 루크 케이지 시리즈로 등장한다.
- **트리시:** 잘나가는 라디오 DJ. 제시카를 진심으로 아끼고 응원한다.
- **말콤:** 퍼플 맨의 조종으로 약쟁이로 살아가며 제시카를 감시한다.
- **제리:** 제시카의 상사. <매트릭스>의 캐리 앤 모스가 맡음

Keyword

★ ★ ★ 8 ★ ★ ★

음식 / 술 / 파티

키워드 8의
예문 듣기

음식

grab lunch

점심을 먹다

원어민들은 의외로 eat라는 동사를 잘 쓰지 않습니다. 대신 have lunch / grab lunch / get lunch / do lunch 이렇게 주로 쓰죠. grab 뒤엔 pizza, sandwich 같은 음식 이름이나 drink(술), coffee, breakfast(아침 식사), lunch(점심 식사), dinner(저녁 식사) 등 다양하게 올 수 있습니다.

We'll grab lunch later this week, okay? I'll call you.

이번 주에 우리 점심 먹자. 알았지? 전화할게.

<제시카 존스>

Do you wanna grab a drink or something?

술이나 뭐 좀 마시러 갈래?

<제시카 존스>

go for Chinese

중식을 먹다

특정한 요리를 먹고 싶을 때, 타이 음식이면 Thai, 인도 요리면 Indian, 멕시코 요리면 Mexican, 양식은 American, 한식 Korean, 이태리 음식 Italy, 브런치 brunch, 국수 noodles, 초밥 sushi, 카레 curry, 파스타는 pasta 등으로 다양하게 쓸 수 있습니다.

Jesse	So, you want to go grab some dinner? I could really go for some Chinese.
Jane	No, I better hit it.
제시	저녁 먹으러 갈래? 중식 먹으러 갈 수도 있는데.
제인	아니. 나 이제 가봐야 돼.

<브레이킹 배드>

I was thinking Indian 인도음식 먹을까 생각 중이야

뭘 먹을지 맘에 드는 메뉴를 정해놓고 상대방의 의사를 물어볼 땐 'I was thinking 음식명'을 조심스레 꺼냅니다. 상대방이 승낙한다면 Sounds great!이라고 하겠지만, 만약 I'm not craving for Indian right now.(난 지금 인도음식 별로 안 땡기는데.) / I don't like Indian.(나 인도음식 안 좋아해.)라고 한다면 다른 메뉴를 생각해 봐야 겠죠.

Oh, and dad's at the gallery, working late.
He left money for dinner, so I was thinking Indian.

아빠가 작업실에서 늦게까지 일하신다고 돈을 놓고 가셨어.
인도음식 먹을까 생각 중인데.

<가십 걸>

make yourself at home

편하게 지내다

누군가를 집에 초대하고 대접할 때, 자신의 집처럼 '편하게 있어라'는 표현입니다. 식사하는 자리에선 '마음껏 드세요' Help yourself!와 같은 의미로도 쓰입니다.

De Luca	Oh, bacon! Do you mind?
Kilgrave	Make yourself at home.
루카	오, 베이컨이다. 먹어도 되나요?
킬그레이브	마음껏 드세요.

<제시카 존스>

BLT

베이컨, 양상추, 토마토 샌드위치

샌드위치를 즐겨먹는 미국인들에게 베이컨, 양상추, 토마토는 주재료가 됩니다. 그래서 샌드위치라는 단어 대신 B.L.T.라는 약자도 보편적으로 참 많이 쓰이죠. 특정 재료를 빼달라고 할 땐 hold the cucumber(오이) / hold the mayo(마요네즈)라고 하면 됩니다.

Terrie	Honey, would you make me a BLT?
Will	Sure. Um, it's gonna take a few minutes though.
테리	여보, BLT 좀 만들어줄래?
윌	물론이지. 근데 몇 분 정도 걸릴 거야.

<글리>

regular

단골 손님

레귤러라 하면 옷 사이즈, 피자 사이즈도 있지만, 규칙적으로 찾아오는 손님이라고 해서 '단골손님'을 말하기도 합니다.

She's a regular.
그녀는 단골손님이야.

<리미트리스>

refreshment

다과, 간식

refreshment는 공식 행사나 프로모션에서 행사가 본격적으로 시작되기 전에 제공되는 소량의 음식과 음료를 말합니다.

There's some refreshments over here if you want to partake.
저기 간식도 있어. 네가 먹고 싶다면.

<브레이킹 배드>

craving

식욕이 당기는

crave의 사전적 의미는 '갈망하다', '갈구하다'의 뜻이 있는데, 어떤 음식이 땡길 땐 I have a craving for pizza. / I'm craving (for) pizza.라고 표현합니다.

I have been craving one of Pop Tate's cheeseburgers since noon.
오후부터 팝 테이트의 치즈버거가 땡겼지 뭐야.

<리버데일>

on you 네가 사

on 뒤에 you, me, him, her, them, us를 붙여서 누가 살지를 정합니다. 그 외에도 '내가 살게!'라는 표현은 My treat! / It's on me! / I'll take care of this(the bill.)라고 합니다.

Liam	This is on you, right?
Miranda	Depends on what you order.
리암	당신이 사는 거지?
미란다	당신이 뭘 주문하느냐에 따라서.

<콴티코>

I've been drinking on an empty stomach 빈속에 계속 술 마셨어

drink는 '마시다'라는 뜻을 가졌지만, 보통 '술을 마신다'는 의미로 받아들여집니다. 마시는 것이 물이나 다른 음료라면 drink water / coffee / tea / juice / 7up / Pepsi 등 이름을 꼭 써주세요.

How about I just get a bite to eat? I've been drinking on an empty stomach.

뭐 좀 먹는 게 어떨까? 나 계속 빈속에 술 마셨는데.

<가십 걸>

장면탐구 #19

<걸스> S01 E06

©2017 Home Box Office, Inc.

요즘 많은 분들이 건강을 위해서 채식을 하는데, 영어로 채식주의자는 vegetarian[베지테리언]이라고 합니다. 원어민들은 place라는 단어를 종종 사용하는데요. place는 가게나, 누군가의 집을 말할 때 주로 쓰입니다. 아래 대화문에서 in ages는 '아주 오랫동안'을 과장하는 표현입니다.

Eric Is that okay that I took you to a pizza place? Is that all right?

Hannah Yeah, I love pizza. I love pepperoni, which I haven't eaten in ages because I was a vegetarian until two months ago.

에릭 내가 피자집에 데리고 온 거 괜찮아? 그래도 괜찮지?

한나 응. 나 피자 완전 좋아해. 페퍼로니 완전 사랑하지. 근데 오랫동안 못 먹었어. 두 달 전까지 난 채식주의자였거든.

술

booze 술

booze는 영어로 술을 가리키는 속어입니다. booze it (up)(과음하다) / on the booze(술 취하여) / hit the booze(술을 마시다) 등과 같은 표현들로 쓰입니다.

> You know, booze cost money usually.
> 알잖아. 술은 돈이 많이 든다는 걸.

<제시카 존스>

> Chuck bass, I do believe all your years of underage boozing and womanizing have finally paid off.
> 척 배스, 네가 그동안 미성년자로 술 마시면서 계집질한 게 드디어 성과가 나타나는구나.

<가십 걸>

> Off the booze, health's improved.
> 술 끊으니, 건강이 좋아지더라고요.

<닥터 포스터>

tipsy

알딸딸한

술이 조금 취해서 알딸딸한 정도를 tipsy. 술이 많이 취했을 땐 wasted / trashed / hammered. 곯아떨어졌을 땐 passed out. 술에 잔뜩 취해 필름이 끊겼을 땐 blacked out이라고 합니다.

Phil I'm gonna get another beer.
You want another beer?

Melissa Pretty tipsy already but why not.

필 맥주 가지러 갈 건데 하나 더 마실래요?

멜리사 조금 알딸딸하긴 하지만 좋아요.

<디 리스트 맨 온 어스>

hangover

숙취

명사로 숙취는 hangover이지만, 동사로 쓸 땐 be hungover 수동태로 씁니다. I'm so hungover.(나 숙취 장난 아냐.) 또는 I have a hangover.(나 숙취 있어.) 이렇게 씁니다.

Ever been a hung over?

숙취로 고생한 적 있어요?

<리미트리스>

drink and drive

음주운전하다

음주운전도 위험하지만, 카톡하면서 운전하는 것도 위험하겠죠? 그땐 text and drive라고 합니다.

Don't drink and drive. Take it easy.
음주운전하지 말고, 조심히 가!

<오피스>

brew

맥주, 커피

맥주를 나타내는 영어 단어는 많습니다. 가장 먼저 beer / brew. 병맥주는 bottled beer. 생맥주는 draft(draught) beer. 바에 가면 통에 꼭지 달린 생맥주들이 있는데, 어떤 종류가 있는지 알고 싶다면 바텐더에게 이렇게 한번 물어보세요. What do you have on tap?

I went downstairs to grab a brew.
맥주 마시러 아래층에 내려갔었어요.

<굿 와이프>

limit

주량

원래는 한계를 뜻하는 단어지만 술자리에서는 자신의 한계, 즉 주량을 가리킵니다.

Alaric	Can I have a Scotch and whatever this beautiful woman is drinking?
Jules	Oh, no, one's my limit.
알라릭	전 스카치, 그리고 이 아름다운 아가씨가 마시고 싶은 뭐든 한잔 주세요.
줄스	오, 아니에요. 한잔이 제 주량이라서.

<뱀파이어 다이어리>

first round

1차

2차는? second round. 그렇습니다. 또는 Another round?라고 합니다. 다른 곳으로 자리 옮기자는 표현은 Let's go(move) somewhere else (다른 데로 가자.) / Do you want to go somewhere else?(다른 데 갈래?)라고 하면 됩니다.

First round's on me.
1차는 내가 쏘지.

<콴티코>

Sober up!

술 깨!

sober의 사전적 의미는 '술 취하지 않은', '제정신인', '정신이 맑은', '냉철한', '수수한'이란 의미가 있습니다. 주로 정신 상태가 맑을 때를 나타내죠. '술이 깨고 있다' 진행형은 I'm sobering up.이라고 말합니다.

> **Sober up!**
> 술 깨!

<가십 걸>

---

on the wagon

금주 중

이 표현은 옛날에 사형 선고받은 사람들을 wagon(마차)에 태워서 마지막으로 한잔의 술을 건네고 교수대로 데려다줬다는 유래도 있고, 술 취한 사람들을 마차에 태워 제정신이 들 때까지 운행했다는 유래도 있습니다. 금주 중이던 사람이 다시 술을 마시기 시작했다면 off the wagon이라고 씁니다. 금주와 비슷한 표현으로는 I stopped drinking.(나 술 끊었어.) / I quit drinking cold turkey.(나 술 완전히 끊었어.) / I've gone cold turkey.(나 술 끊었어.) 등이 있습니다.

> As of right now, I'm back on the wagon.
> 지금부터 술을 다시 끊을게.

<글리>

장면탐구 #20

<가십 걸> S01 E02

댄에게 어젯밤 한 대 얻어맞고, 멍(black eye)이 든 채 아버지의 브런치 파티에 등장한 척. 이때도 술 한잔을 어김없이 들고 있네요. 보다 못한 아버지가 와서 한 소리 합니다. "Lose the scotch."
lose는 '잃어버리다', '지다'란 뜻이지만, 뒤에 사물을 붙임으로써 무언가를 '잃어버려라', '제거하라', '치워라'라는 의미로도 쓰입니다.

Do me a favor, will you? Lose the scotch. It's barely noon.

부탁 하나만 하자. 술은 저리 치워. 아직 정오도 안 됐어.

파티

club-hopping

클럽 순회

hop은 토끼처럼 깡충깡충 뛰어다닌다는 뜻인데, 여러 클럽을 돌아다니며 빠르게 순회했다는 의미입니다. 비슷하게 bar-hopping은 여러 술집을 돌아다니며 1차, 2차, 3차를 갔다는 말이죠.

Last year she was club-hopping with Tara Reid.
작년에 그녀는 타라와 함께 클럽을 여기저기 돌아다녔었지.

<굿 와이프>

I have two left feet

저 몸치에요

왼발이 두 개라면 짝이 안 맞아 스텝이 꼬이겠죠? 그런 의미에서 왼발이 두 개라는 건 몸치를 뜻합니다.

Man We'd be happy with just one dance.
Serena Ah, I'm afraid I have two left feet.

남자 춤만 같이 춰준다면, 그걸로 우린 만족해요.
세레나 죄송하지만 제가 춤을 너무 못 춰요.

<가십 걸>

I got moves

나 춤 좀 추는데

'춤을 잘 춘다'는? I got(have) moves.라고 합니다. moves는 여기서 춤동작을 뜻하는데요. '그루브 좀 탄다', '춤 좀 춘다'는 말입니다.

Look, if you want to be a River Vixen, I'll help you prep.
I have moves.
리버 백신이 되고 싶으면, 내가 준비하는거 도와줄게. 나 춤 잘 춰.

<리버데일>

crashing a party

파티 망치기

crash가 충돌이죠? 파티장에 차를 몰고 들어갔다고 생각해보세요. 파티장이 난리 나겠죠? 그 외에도 초대받지 않은 손님이 파티에 난입했을 때 씁니다.

Crashing parties is one of our favorite pastimes.
파티 망치는 건 우리 취미잖아.

<가십 걸>

throw a party 파티를 열어주다

파티를 던진다(?)는 의미가 아니라 파티를 열어준다는 표현입니다. kick-ass는 속어로 '죽여주는', '끝내주는'이란 뜻입니다.

Let's throw Leonard a kick-ass birthday party.
레너드한테 엄청난 생일 파티 열어주자.

<빅뱅 이론>

장면탐구 #21

<걸스> S01 E07

영어로 분위기는 vibe, atmosphere라고 합니다. 어떤 장소의 분위기가 좋다고 하면 good vibe, good atmosphere라고 쓸 수 있습니다. 차이가 있다면, vibe는 가볍게 쓰이는 반면, atmosphere는 격식을 차린 단어입니다. 또 vibe는 폭넓게 어떤 느낌을 나타내기도 하는데, I got a bad vibe from him.(그에게서 안 좋은 느낌을 받았다.)에서처럼 feeling으로 쓰일 수도 있습니다.

This is a killer party! Liking the vibe.

파티 죽인다! 분위기 맘에 드는데?

연습해보기

01. 술이나 뭐 좀 마시러 갈래?

02. 난 중식 정말 먹고 싶은데.

03. 인도음식 먹을까 생각 중이야.

04. 편하게 지내세요.

05. BLT 좀 만들어줄래요?

06. 오후부터 치즈버거가 땡겼지 뭐야.

07. 네가 사는 거지?

08. 빈속에 계속 술 마셨지 뭐야.

09. 술 끊으니, 건강이 좋아지더라고요.

10. 벌써 조금 알딸딸해요.

11. 나 숙취 장난 아니야.

12. 술 깨!

13. 나 금주 중이야.

14. 저 몸치에요.

15. 저 춤 좀 춰요.

16. 우리 레너드한테 엄청난 생일 파티 열어주자.

17. 파티 죽인다! 분위기 맘에 드는데?

★ LIMITLESS ★

OPEN YOUR MIND.

LIMITLESS

NEW TUESDAYS 10PM

CBS

IGN

영화에 이어 미드도 2015년에 인기리에 방영되었습니다. 평소에 사고를 치고 밴드 활동을 하던 남주인공. 멤버들이 하나둘씩 떠나자 백수가 되고, 일자리를 찾으러 돌아다니던 중 옛 친구를 만나 NZT라는 의문의 약을 받아먹게 됩니다. 놀랍게도 그 약은 뇌의 100%를 풀가동시키는 엄청난 효과가 있던 것이죠. 브라이언의 생활이 180도 달라집니다. 이후의 스토리가 궁금하다면 시청해보세요.

CAST

- **브라이언:** NZT를 복용하면 악기를 환상적으로 연주하고, 세상의 모든 언어를 습득하며, 여러 사람과 체스를 두면서 체스 메이트를 하고, 심지어 헤어진 여자친구의 마음을 돌리기도 한다. 세상에서 가장 똑똑한 남자가 되어 FBI의 사건 수사를 돕지만, 약물의 부작용 때문에 힘들어한다.
- **레베카:** FBI 요원. 자신의 아버지도 NZT를 복용하다가 돌아가셨다. 그런 개인적 문제로 약물에 대해 파헤치기 시작한다.
- **모라:** 영화의 주인공 브래들리 쿠퍼가 역을 맡았다. 미국의 상원의원으로, NZT를 몰래 복용하며 세력을 확장시키고, 대선에도 출마할 계획을 세운다. 약의 부작용을 치유하는 방법을 알고 있다.

Keyword

★ ★ ★ 9 ★ ★ ★

약물 / 건강

★

약불

pill

알약

알약은 pill / tablet. 약물은 drug / medication이라고 합니다. 수면제는 sleeping pill. 진통제는 painkiller / aspirin. 두통약이라든지 다른 특정한 약들은 보통 Tylenol처럼 이름으로 사용합니다.

(Let's) Just see where the pills take us.
약이 우릴 어디까지 데리고 가나 보자.

<리미트리스>

running out of

바닥나고 있다

달리고 있다고요? 이 숙어는 '~이 바닥나고 있다'는 뜻으로, pills(약) / gas(기름) / stock(재고) / water(물) 등 여러 가지를 쓸 수 있습니다.

I'm running out of NZT.
NZT가 바닥나고 있다.

<리미트리스>

Are you high?

너 약했어?

기분이 구름 위를 둥둥 떠다니듯이 높은 감정에 취해 있다는 의미입니다. 비슷한 표현으로는 Are you on drugs?가 있습니다.

Are you high?
너 약했어?

<제시카 존스>

smoke pot

마리화나를 피우다

smoke pot / weed 모두 마리화나를 가리키는 속어입니다.

Do you smoke pot?
마리화나 피우니?

<걸스>

crystal

마약

speed / meth / meds / crystal / ice / glass / crank / the pipe(a rose holder) / dope 모두 마약을 가리키는 속어입니다.

You wanna cook crystal, man?
나랑 마약 제조할래요?

<브레이킹 배드>

Your client was on speed.
당신의 고객이 각성제를 복용하고 있었어요.

<굿 와이프>

He's also on a bunch of meds.
그는 또한 약물 과다 복용 중이야.

<콴티코>

junkie 약쟁이

건강에 좋지 못한 인스턴트 음식이나 패스트푸드를 정크 푸드라고 하는데요. junk는 '질이 낮은', '쓰레기'라는 뜻입니다. 그래서 약에 빠진 쓰레기를 가리켜 junkie라고 하죠.

You are a pathetic junkie.
넌 한심한 약쟁이야.

<브레이킹 배드>

be addicted to ~에 중독된

약, 술, 커피 등 뭐든 뒤에 붙여서 사용합니다. She is addicted to coffee. 이런 식으로요. 중독이 명사로 쓰이면 addiction입니다.

You're addicted to those things.
너 그거에 중독됐어.

<닥터 포스터>

장면탐구 #22

<리미트리스> S01 E06

브라이언이 NZT 약물 복용 후, 부작용으로 인해 고통스러워 하는 장면입니다. 영어로 부작용은 side effect라고 하는데요. 어떤 상황에 대한 예상치 못한 부작용을 가리키기도 합니다.

Are you having side effects? Is that what's going on?
당신 부작용 생기고 있어요? 지금 그런 거예요?

건강

health issue

건강 문제

암이나 질병 따위의 건강 문제가 있다고 할 때, have나 got 동사를 써서 문장을 만들어줍니다.

He's got a health issue.

그는 건강 문제가 있어요.

<브레이킹 배드>

healthwise

건강(유지)를 위해, 건강 면에서

healthwise는 주로 구어체에서 많이 쓰이는 부사입니다.

I've been thinking lately. I'll just lay off of it for a while.
Cause lately it's been making me paranoid, so…
You know, for, like… like healthwise, just lay off.

요즘 생각 많이 해봤는데, 잠시 일을 좀 쉬어야 할 것 같아. 왜냐면 요즘 내가 편집증이 심해져서. 알잖아. 건강을 위해 잠시 쉬어야겠어.

<브레이킹 배드>

busted ribs

부러진 갈비뼈

부서진 갈비뼈를 broken ribs라고 하면 안 되냐고요? 가능합니다. 다만 busted라는 단어는 원어민들 사이에서 많이 쓰이는 속어로 알아둘 필요가 있습니다. busted는 못된 짓을 하다가 걸렸을 때, You are so busted!(너 딱 걸렸어! / 너 찍혔어! / 너 이제 큰일 났다!) 이런 의미로 쓰이고요. 어디가 부러지거나 파열됐을 때도 He busted up his ankle.(그는 발목을 다쳤다.) 그 밖에 I'm busted up.(파산했다.) / We busted(kicked) ass!(실력으로 한 방 먹였다.) 등 다양하게 쓰이죠. 아래 messed up은 엉망진창이 되었다는 뜻입니다.

Walt	How is he?
Tuco's boy	Got some busted ribs, and like that. Got messed up pretty good.
월트	그는 좀 어때?
투코의 부하	갈비뼈 몇 개 부러지고, 아주 제대로 얻어터졌어요.

<브레이킹 배드>

bruise

멍

눈에 든 멍은 보통 black eye라고 합니다. 다른 곳에 멍이 들었을 땐, have나 got 동사를 같이 써서 I got(have) a bruise on my arm.(팔에 멍들었어.) 멍이 잘 드는 사람은 뭐라고 할까요? 이때는 복숭아를 떠올리면 되는데, 복숭아에 멍이 잘 들죠? 그래서 You bruise like a peach.라고 씁니다.

Fractured arm, some bruises. He's recovering.

팔이 골절되고 멍이 좀 들었어요. 그는 회복 중이에요.

<굿 와이프>

I got low blood sugar

나 저혈당이야

보통 건강과 관련한 표현은 have나 got을 써서 '나 ~이야', '나 ~있어'로 쓸 수 있습니다. 아래 예문을 확인해보세요.

I got low blood sugar.

나 저혈당이야.

<브레이킹 배드>

Peter's father had dementia.

시아버지가 치매였어요.

<굿 와이프>

You might also get diarrhea.

설사도 할 수 있고요.

<굿 와이프>

I got OCD.

나 강박증 있어.

<리미트리스>

I got lung cancer.

나 폐암이야.

<브레이킹 배드>

be released

퇴원하다

release는 기본적으로 무언가를 풀어준다는 의미가 있습니다. 그래서 '신상품이 출시되다', '앨범이 발매되다', '영화가 개봉되다', '죄수가 석방되다', '가스가 방출되다', '병원에서 퇴원하다' 등 여러 가지 의미들이 있는 거죠. 위의 뜻들은 모두 수동태(be+pp)로 써줍니다. 그 밖에 '퇴원하다'는 leave the hospital / be discharged from hospital라고 쓰는데요. discharged는 신문 기사 등에서 볼 수 있는 격식 있는 표현입니다. 반대로 '입원하다'는? be hospitalized입니다.

She also said you're getting released tomorrow morning.
의사가 또 내일 아침 퇴원할 수 있다고 말했어.

<뱀파이어 다이어리>

자막탐구 #23

<브레이킹 배드> S01 E07

행크는 폐암을 앓고 있는 월터 앞에서 근사한 쿠바 산 시가가 있다며 자랑하듯 꺼내 보입니다. 그러고 나서 자신이 말실수했다는 걸 깨닫는데요. 월터는 무안해하는 행크를 위해 위트 있게 상황을 넘어갑니다. You got me there.는 내 의견보다 상대방의 의견이 더 나을 때 쓰이는 표현으로 '거기에 넘어갔다'는 뜻입니다.

Walt	You mind if I have one?
Hank	You think that's a good idea?
Walt	Hank, I've already got lung cancer.
Hank	Okay. You got me there.
Walt	Thanks.
월트	나도 시가 하나만 줄래?
행크	좋은 생각일까?
월트	동서, 난 이미 폐암이라고.
행크	좋아. 거기에 넘어갔네.
월트	고마워.

연습해보기

01. 알약이 바닥나고 있다.

02. 넌 그것에 중독됐어.

03. 너 지금 부작용 생기고 있어?

04. 그는 건강 문제가 좀 있어요.

05. 그는 갈비뼈가 몇 개 부러졌어.

06. 그는 회복 중이에요.

07. 나 강박증이야.

08. 내일 아침 퇴원할 수 있을 거야.

© 2017 FOX

FOX에서 제작한 코미디 시트콤 장르로, 아주 재미있는 작품입니다. 바이러스 감염으로 세상에 유일하게 생존한 남자 필 밀러는 혼자 백악관에 가서 살기도 하고, 장을 보러 가서 온갖 물건을 싹쓸이해오고, 리큐어로 풀장을 채워 수영하고, 수영장에서 대변을 보고…. 세상에 혼자 남겨졌을 때 할 수 있는 행동들은 상상을 초월하는데요. 그러다 문득 외로움에 지쳐 자살을 시도하는데, 그때 첫 여성 캐롤이 등장합니다. 서로 성격도 안 맞고 외모도 필의 스타일이 아니지만, 울며 겨자 먹기로 결혼합니다. 그리고 필이 걸어둔 표지판을 보고 하나 둘씩 찾아오기 시작하는 다른 생존자들, 그리고 그들의 생활이 코믹하게 그려집니다.

CAST

- **필 밀러:** 지구상에 홀로 남겨진 전형적인 평범한 남자. 캐롤을 만나 원치 않는 결혼을 하고 또 다른 필 밀러의 등장으로 이름을 탠디로 바꾼다.
- **캐롤:** 필이 걸어둔 간판을 보고 필을 찾아오는 첫 여자. 괴짜다운 구석이 있다. 동정심이 강하고 친근하다. 세상의 종족 번식을 위해 필에게 결혼을 요구한다.
- **멜리사:** 세 번째로 등장하는 아름다운 금발의 여인. 남편이 다른 여자와 바람이 나서 이혼했다.
- **토드:** 네 번째로 등장하는 포근한 인상의 남자. 멜리사와 사귀게 되는 기적같은 일이 일어난다.
- **필 밀러:** 강한 리더십을 지닌 특전사 출신의 건설업자. 남성적인 외모와 매력으로 그룹 내에서 인기를 한몸에 받으며 주인공 필과 대적한다.
- **에리카 & 게일**

Keyword

★ ★ ★ 10 ★ ★ ★

대화

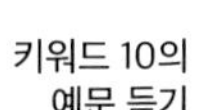

대화

Fair enough 알았어

무작정 알았다고 하는 표현이 아니라, 상대방의 이야기를 듣다 보니 부분적으로 수긍이 가서 '그렇다면야 뭐', '알았어' 하는 식의 뉘앙스를 표현하는 말입니다.

Fair enough.
알았어.

<제시카 존스>

I didn't see that coming 그건 예상 못 했는데

직역하면 '그것이 오는 걸 보지 못했다?' 네, 맞습니다. 어떤 상황이 다가오는 걸 예측하지 못했다는 의미로, 무방비한 상태로 당했을 때 씁니다.

I didn't see that coming.	↔	I saw this coming.
그건 예상 못 했는데.		이럴 줄 알았어.

<제시카 존스>, <브레이킹 배드>

I can't help it

어쩔 수 없어

'나는 그것을 도와줄 수 없다'라는 뜻이 아닙니다. 이 숙어는 의미를 통째로 따로 외워야 합니다. 어쩔 수 없는 상황에서 도움이 될 수 없을 때 쓰이는 표현입니다. 과거로 쓴다면 I couldn't help it.(어쩔 수 없었어.)

I can't help it.
어쩔 수 없어.

<제시카 존스>

figure out

알아내다, 이해하다

생각한 끝에 '~을 이해하다', '알아낸다'는 뜻으로, figure와 out 사이에 사람(her, him)이나 사물(it)을 넣을 수도 있습니다. 원어민들이 많이 쓰는 표현이니 별표시하고 외워두세요.

I'm sorry I didn't figure it out sooner.
더 빨리 알아내지 못해서 미안해.

<걸스>

delicate spot 아킬레스건

delicate는 '섬세한', '연약한', '다치기 쉬운'이란 뜻이고 spot은 부위입니다. 상대방이 상처를 받을 수도 있기 때문에 꺼내서는 안 될 주제가 되겠죠. 비슷한 표현으로는 That's my weakness.(그게 내 약점이야.)

> That's my delicate spot for me.
> 그게 내 아킬레스건이라고.

<걸스>

even / square 비긴 / 동등한

even, square는 일상적인 상황에서 '그럼 너랑 나랑 서로 비긴 거네?'라고 할 때 쓰는 단어들입니다. 스포츠에서의 무승부는 tie / draw라고 하고요. 페어플레이와 비슷한 표현은 Let's play fair and square.(정정당당하게 게임하자.)입니다.

> So I guess we're even.
> 그럼 우리 비긴 거네?

<걸스>

> So that means we're square, right?
> 그 말은 우리가 동등하다는 거지?

<원스 어폰 어 타임 인 원더랜드>

장면탐구 #24

<모던 패밀리> S01 E03

클레어와 둘째딸 알렉스가 대화를 나누고 있는 장면입니다. 클레어의 대사에는 각 남매들이 어떤 성격을 가지고 있는지 재미있게 잘 표현되고 있죠.

my thing은 내가 좋아하는 일, 내가 잘하는 일, 나의 취향을 두루 말합니다. 구어체에서 자주 접할 수 있는 표현이니 알아두세요.

Alex You have no idea what my thing is.

Claire I know what your thing is.
Your thing is to provoke. Just like your sister's thing is to never come out of her room, and your brother's thing. Oh, well, there's your brother's thing.
Luke! Put 'em on!

알렉스 엄마는 내가 좋아하는 게 뭔지 몰라요.

클레어 뭔지 알지, 왜 몰라. 네가 좋아하는 건 사람들을 약 올리는 거지. 너의 언니 특기가 방에서 안 나오는 것처럼. 그리고 네 남동생은, 바로 저기 있네.
루크, 바지 좀 입어라!

have(has) to do with~ ~와 관련이 있다

'~와 관련이 있다'라고 쓰고 싶은데 마땅히 쓸 만한 구어체가 생각나지 않는다면, 이 숙어를 외워 가세요. 회화에서 많이 쓰이는 표현으로 많은 관련이 있다면 has a lot to do with, 관련이 없다면 has nothing to do with를 씁니다.

Marnie What does this have to do with Tally Schifrin?
Hannah It has to do with the fact that Tally Schifrin took chances.

마르니 이게 탈리랑 무슨 상관이야?
한나 탈리는 기회를 잡는다는 사실과 관련 있지.

<걸스>

We'll see about that 그건 한번 두고 보자

조금 화난 상황에서 '그건 한번 두고 봐야겠는데?' 나는 아닌데 상대방이 호언장담하고 있을 때 써주는 표현입니다. 비슷한 표현으로 We'll see.(상황을 보고 결정하겠다.) 보통 부모가 하는 말로 아이가 뭔가를 사달라고 조를 때 쓰는 표현입니다.

We'll see about that.
그건 한번 두고 봅시다.

<브레이킹 배드>

You're positive?

확실해?

회화에서는 positive가 sure / certain과 같이 '확실한'으로 쓰일 때가 종종 있습니다. 그 밖에 positive는 + 양성(반응) / negative는 - 음성(반응)이란 뜻도 있으니 참고해두세요.

Agent Are you sure about this?
Alex I'm positive.

요원 확실해?
알렉스 확실해.

<콴티코>

Right on!

그렇지!

이 표현은 한때 미국, 캐나다 원어민들이 마치 유행하는 신조어처럼 자주 쓰는 걸 봤었는데, 우리나라말로 바꾸자면 '그렇지! 바로 그거야! 맞아! 당연하지! 딱이야!' 상대방이 무언가를 말하면 거기에 완전히 동의한다는 표현으로 주로 쓰이며 Exactly!와 같다고 볼 수 있습니다.

Right on, man. Keep it real.
바로 그거야. 계속 그렇게 유지하라고.

<브레이킹 배드>

장면탐구 #25

<섹스 앤 더 시티> S04 E07

빅과 바람을 피우고 돌아온 캐리는 에이든과 어떻게든 다시 잘해보려고 합니다. 하지만 에이든은 아무 일도 없는 것처럼 행동하고 캐리에게 벌을 주고 싶어 하는데요. 바에 가서 여자 바텐더와 희희낙락거리는 에이든을 본 캐리는 도대체 어떻게 된 일이냐고 따집니다. 에이든이 계속 시치미를 떼자, 캐리가 이렇게 말하죠. "You tell me!"(당신이 한번 말해봐!) 때에 따라선 강한 동의를, 상대방이 진심을 말하고 있지 않을 땐, 진실을 털어놓을 수 있도록 유도하는 표현입니다. Spell it out.(똑바로 말해.) / Talk straight.(바른대로 말해.) 역시 비슷합니다.

Carrie	Can you excuse us for a second?
Bartender	Sure.
Carrie	What is going on?
Aidan	What's up?
Carrie	You tell me.
Aidan	(Pretends to have no idea)
Carrie	Okay. You do your thing.
캐리	잠깐 자리 좀 비켜줄래요?
바텐더	물론이죠.
캐리	어떻게 된 거야?
에이든	뭐가?
캐리	당신이 한번 말해봐.
에이든	(계속 모르는 척한다)
캐리	하던 것 마저 해.

hang out

놀다

play는 어린아이들이 놀이터에서 소꿉장난하고 놀 때 쓰는 단어로 어른들이 써선 안 됩니다. 어른들이 노는 건 hang out입니다. hang out은 명사로 '단골집'이란 뜻도 있습니다. This place is my favorite hang out.(여기가 내 단골집이야.)

Right on, little bro! We should hang out more often.
좋아, 동생아. 우리 자주 놀자꾸나.

<브레이킹 배드>

Let's get something straight

뭐 좀 확실히 하자

상대방이나 내가 무언가를 잘못 알고 있거나 오해하고 있을 때 바로잡는 표현으로 Let me get this straight. 역시 같은 표현입니다.

Let's get something straight here.
똑바로 이야기할 건 하자.

<빅뱅 이론>

wait up a second

삼시반 기다려

wait는 막연한 상황에서 그냥 기다리는 것. wait up은 같이 갈 수 있도록 잠시만 기다려달라는 요청입니다. sec은 second의 줄임말입니다.

Lori, could you just wait up a second?

로리, 잠시만 기다려줄래?

<워킹데드>

Just so you know

그냥 알아두라고

노파심에서 상대방이 그냥 알아두길 바라는 마음으로 한마디 하고 싶을 때 씁니다. 비슷한 표현으로는 FYI(For Your Information 너의 정보를 위해 ⇨ 참고로)가 있습니다.

Just so you know.

그냥 알아두라고.

<워킹데드>

We have something in common 우리 뭔가 공통점이 있네

무엇을 공통점으로 가지다. 이때 something 대신 nothing(아무것도 없다) / 특정 지어서 that(그것) / one thing(한 가지) / a lot of things(많은 것들)를 쓸 수 있습니다.

We have that in common.
우린 그걸 공통점으로 가지고 있네요.

<더 라스트 맨 온 어스>

play the sympathy card 동정심을 유발하다

특정 상황에서 자신에게 유리하도록 어떤 패를 꺼내 보인다는 데서 유래한 표현입니다. 동정심을 전술로 삼는다는 말이고요. 동정심 말고 다른 카드도 쓸 수 있겠죠? 예를 들면 남자니까 또는 여자라서 이런 식의 성별을 전술로 삼을 때는? play the gender card라고 합니다.

I'm not gonna play the sympathy card.
나 동정심 카드 안 쓸 거야.

<더 라스트 맨 온 어스>

No offence
기분 나쁘게 듣진 말고

offence는 공격 / defense는 수비. 운동 경기에서 흔히 들어본 단어들이죠? 이때 No offence는 '공격하는 건 아니고', '기분 나쁘게 듣진 말고'의 의미로, 상대방에게 무언가 안 좋은 말을 꺼낼 때 미리 선수 치는 표현입니다.

No offence, but I'm not interested.
기분 나쁘게 듣진 말고, 난 관심 없어.

<더 라스트 맨 온 어스>

sort out
해결하다, 정리하다

sort는 '분류하다'라는 뜻인데, out과 함께 쓰이면 '정리하다', '처리하다', '해결하다', '치우다'의 의미가 생깁니다. deal with가 의무적으로 어떤 일을 처리하는 느낌이 강하다면, sort out는 도와주려는 의지나 문제를 해결하려는 의지가 좀 더 담겨 있다고 볼 수 있습니다.

We need to sort this out.
우린 이걸 해결해야 돼.

<닥터 포스터>

Lay it on me

나한테 털어놔봐

Lay는 '~을 놓다'는 뜻인데, 문젯거리, 근심거리, 어떤 이야기를 내려놓는다는 의미에서 '나한테 풀어봐, 털어놔봐'로 해석됩니다. 비슷한 표현으로는 Out with it! / Talk straight. / Spare me nothing. / Spill it (out.) / Spell it out! 등이 있습니다.

Lay it on me.
나한테 털어놔봐.

<빅뱅 이론>

Shoot!

말해봐!

'총으로 쏴!' 이런 뜻일까요? 하고 싶은 말을 총으로 쏘듯이 밖으로 내뱉는다고 생각하면 맞습니다. 우리나라 말에도 '속사포처럼 털어놓다'가 있듯이, 영어도 마찬가지입니다. 위에 Lay it on me와 비슷한 표현이라고 볼 수 있죠.

Alex	When my mom says I can ask her anything, I really can't. She just freaks out.
Gloria	I won't freak out. Shoot.
알렉스	엄마가 아무거나 물어보라고 하실 때, 전 정말 그렇게 할 수 없어요. 엄마가 깜짝 놀라시거든요.
글로리아	난 놀라지 않을게. 한번 말해보렴.

<모던 패밀리>

got it wrong

오해하다

상대방이 무언가를 잘못 알고 있거나, 오해하고 있을 때 써주는 말입니다.

You got it wrong.(네가 오해한 거야.) / Don't get me wrong.(날 오해하지 마.)

Well, they've got it wrong, Sebastian. He was murdered.

그들이 오해한 거야, 세바스찬. 그는 살해당했다고.

<셜록>

Works for me!

난 좋은데!

아직도 work를 '일하다'로만 알고 계신다고요? work는 '효과가 있다', '작동하다'라는 뜻도 있어요. 사용 빈도수가 높은 단어입니다. Works for me! 나한텐 효과 있는데? 나한텐 먹히는데? 이런 뜻입니다.

Will	So what's the solution? Don't trust anybody?
Kalinda	Works for me!
윌	그래서 해결책이 뭐야? 아무도 믿지 마?
칼린다	난 좋은데!

<굿 와이프>

The last thing S V is~

~은 가장 하기 싫어

가장 맛있는 건 마지막에 먹고, 가장 중요한 건 마지막에 하고 싶은 게 사람 심리 아니냐고요? 하지만 The last thing I want to do is~. 이 표현은 '가장 하기 싫은 일'을 뜻합니다. 리스트에서 마지막으로 두고 싶을 만큼 가장 하기 싫은 일을 말하죠. The last thing I need is~도 가장 필요 없는 것을 말합니다.

The last thing I need in my life is a new guy.
내 인생에서 가장 필요 없는 건 새로운 남자야.

<가십 걸>

a last minute thing

막판에 결정된 일

last minute이 마지막 분이죠? 그만큼 거의 임박해서 급하게 결정된 일을 말합니다. a last minute call(decision)도 '막판에 정해진 결정'이란 뜻입니다.

Jenny Dan's going to the ball?

Serena Yeah, it was just a last minute thing.
I'm sure he just forgot to tell you.

제니 오빠가 무도회를 간다고요?

세레나 응. 막판에 결정된 일이라. 오빠가 너한테 말하는 걸 깜빡했나보다.

<가십 걸>

take that back

그 말 취소해

take back은 '도로 가져오다 ⇨ 꺼낸 말을 도로 가져오다 ⇨ 방금 한 말을 취소하다'라는 뜻으로 쓰입니다. 상대방이 도에 지나친 말을 했을 때 사과하라는 의미로 쓸 수 있는 표현이죠. that 대신 it을 쓰기도 합니다.

Mike Wait, this is Will's fault?

Mom Nancy, take that back.

마이크 잠깐만, 이게 윌 잘못이라고?

엄마 낸시, 그 말 취소하렴.

<스트레인저 띵스>

장면탐구 #26

<본스> S01 E06

놀기 좋아하는 안젤라가 워커홀릭 브레넌에게 간만에 나가서 놀자고 합니다. 그런데 브레넌은 습관인 것처럼 계속해서 어떤 일을 처리하고 있는데요. 보다 못한 안젤라가 한마디 합니다. Okay, that can wait. 그건 기다릴 수 있어. ⇨ 그건 나중에 해도 되잖아.

Angela	Come on, honey. If we don't leave now, we don't get into the club.
Brennan	I'm just finishing up a few e-mails.
Angela	Oh, what?
Brennan	My publisher wants to schedule a book tour and I'm just confirming dates.
Angela	Okay, that can wait, sweetie.
안젤라	얼른 가자. 지금 안 가면, 우리 클럽에 못 들어가.
브레넌	이메일 몇 개만 쓰고.
안젤라	응? 뭐라고?
브레넌	출판업자가 도서 순회일정 잡고 싶어 해. 그래서 날짜 좀 확인하고 있었어.
안젤라	그건 나중에 해도 되잖아.

연습해보기

01. (그렇다면야 뭐) 알았어.

02. 그건 예상 못 했는데.

03. 어쩔 수 없어.

04. 더 빨리 알아내지 못해서 미안해.

05. 그럼 우리 비긴 것 같네.

06. 그건 한번 두고봐야겠는데.

07. 확실해?

08. 당연하지!

09. 우리 더 자주 놀아야겠다.

10. 뭐 좀 확실히 하자.

11. 기분 나쁘게 듣진 말고, 난 관심 없어.

12. 나한테 털어놔봐.

13. 네가 오해한 거야.

14. 난 좋은데!

15. 막판에 결정된 일이었어.

16. 그 말 취소해.

17. 그건 나중에 해도 되잖아.

modern family

현대 미국 가정의 일상을 보여주는 <모던 패밀리>는 현재 시즌 8까지 나왔으며, 꾸준한 인기를 끌고 있습니다. 입문용으로 추천을 가장 많이 받고 있는 작품으로, 나오는 대사들도 친숙하며 쉬운 편이고, 실용 가치가 높습니다. 세 가정이 나오는데, 먼저 할아버지 제이와 라틴계의 부인 글로리아, 그리고 어린 아들 매니가 있는 다국적 가정. 그 다음, 제이의 첫째 딸인 클레어는 필과 부부로, 헤일리, 알렉스 루크 1남 2녀를 두고 있는 전형적인 미국 가정. 마지막으로 제이의 막내 아들 미첼은 카메론과 게이 커플로 입양한 딸 릴리와 함께 살고 있습니다.

CAST

- **제이:** 클레어와 미첼의 아빠. 능력자.
- **글로리아:** 콜롬비아 출신. 제이의 두 번째 부인. 섹시하지만 다혈질이다.
- **매니:** 글로리아의 아들. 또래보다 조숙하고 호기심이 강하다.
- **필:** 자칭 쿨한 아빠. 자녀 양육에 서투름. 유치하고 유머러스하다.

Keyword

11

일상

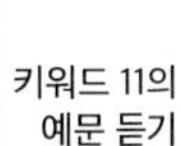

일상

I'm peeing

나 쉬하고 있어

'소변을 보다' 막상 영어로 말하려니 단어가 잘 기억 안 나죠? peeing이라고 합니다. 소변 자체는 urinate이고요. 그 밖에 여러 가지 표현들이 있으니 아래를 확인하세요.

I'm peeing.
나 쉬하는 중이야.

<제시카 존스>

= I'm weeing. (더 완곡한 표현)

= I'm pissing. (남자들이 더 많이 사용)

= I need to use the bathroom.

= I need to go to the bathroom.

= I have to go and do number 1. (number 2는 대변)

freshen up

화장실 가다

위의 표현들이 소변을 보기 위해서 쓰이는 것들이라면, freshen up은 화장실에 손을 닦으러 간다거나, 세수를 하거나, 화장을 고치거나 하는 용무를 보러 간다는 의미로, 좀 더 산뜻한 느낌이 납니다.

If you'll excuse me, I'm gonna freshen up.

실례하지만, 화장실 좀 다녀올게요.

<가십 걸>

I think I'm gonna puke

나 토할 것 같아

'토하다'를 아직도 '오바이트'로 생각하신다면 지금 바로 안드로메다로 날려 버리세요. overeat는 '과식하다'는 뜻이고, '토하다'는 vomit / throw up / puke라고 합니다.

I think I'm gonna puke.

나 토할 것 같아.

<걸스>

I'm on my period

나 그 날이야

한국말은 '나 그날이야.' 영어는 '나 그 기간이야.'라고 합니다. period가 기간을 뜻하고요. 비슷한 표현으로는 I'm PMSing.이 있습니다.

I'm on my period.

나 그날이야.

<글리>

get a breather / get some air 　한숨 돌리다 / 바람 쐬다

get 대신 take를 쓰기도 하는데요. '잠깐의 휴식을 취한다', '한숨 돌린다'는 의미입니다. '바람 좀 쐬고 올게'는 'I need to get some air.' 라고 합니다.

Maybe I should get a breather.
어쩌면 내가 좀 쉬어야 할지도.

<더 라스트 맨 온 어스>

I might just get some air.
나 바람 좀 쐬고 와야겠다.

<닥터 포스터>

It's getting chilly 　점점 쌀쌀해진다

chilly 칠리. 매운 고추가 생각나신다고요? 그건 chili pepper고요. chilly는 '서늘한'이란 뜻으로, 추운 강도를 따지자면 아래와 같습니다.

freezing(몹시 추운) > cold(추운) > chilly(쌀쌀한) > cool(시원한)

It's getting chilly. Let's go in.
점점 쌀쌀해진다. 안으로 들어가자.

<제시카 존스>

ran into someone

누구와 마주치다

누군가와 우연히 마주쳤을 때 쓰는 표현입니다. 범퍼카를 생각하면 쉬운데, bump는 '부딪친다'는 의미를 가지고 있죠? 그래서 bumped into는 우연히 '누구와 부딪치다', '마주치다'는 뜻으로 쓰입니다.

I ran into Alicia Florrick.
알리샤와 우연히 마주쳤어요.

<굿 와이프>

I'm in a hurry

제가 지금 좀 서둘러야 돼요.

여기서 hurry는 명사로 쓰여 급한 상황을 가리킵니다. 비슷한 표현으로는 I'm in a rush.(지금 좀 서둘러야 돼요.) / I have to rush to work.(직장에 빨리 가봐야 돼요.) 상대방의 발걸음을 재촉할 때는 Hurry up!(서둘러!) 이때 hurry는 동사입니다.

Sorry, I'm in a hurry.
미안하지만, 제가 지금 좀 서둘러야 돼서요.

<닥터 포스터>

We're in a bit of a rush.
저희가 좀 서둘러야 돼요.

<굿 와이프>

swing by

~에 잠시 들르다

stop by > drop by > swing by 다 같은 뜻이지만 오른쪽으로 갈수록 가볍게 쓰입니다. 이 표현들은 슬랭에 가깝기 때문에, 언제, 어떻게 써야 한다는 공식적인 기준은 없지만, 대체로 원어민들이 쓰는 방식은 이렇습니다. drop by는 Drop by my place.처럼 누군가의 집에 들를 때 주로 쓰이며, 가게에 들를 땐 잘 쓰지 않습니다. swing by는 마실 나갈 때, 용무를 보러 갈 때, 누군가의 집에 잠깐 들를 때 모두 쓰입니다. Let's swing by the mall. stop by는 형식적인 자리에서도 많이 쓰입니다. Stop by my office. 만약에 상사가 예문처럼 말했다면, 면담 시간이 좀 길어질 수도 있다는 뉘앙스가 담겨 있습니다.

I'll swing by after work.
일 끝나고 잠깐 들를게.

<브레이킹 배드>

get together

모이다

'언제 한번 보자'를 영어로 Let's see sometime? 이렇게 직역하실 건가요? 원어민처럼 회화하고 싶다면 이 표현을 외워보세요. Let's get together sometime.(언제 한번 모이자.) / Let's do lunch sometime.(언제 한번 점심 먹자.) 훨씬 더 매끄럽게 들리죠.

Listen, we ought to get together more often. Skyler and I would love to have you and Gretchen over for dinner sometime.

우리 더 자주 모여요. 스카일러와 난 당신과 그레첸이 저녁 식사하러 가끔 우리 집에 오면 좋겠어요.

<브레이킹 배드>

Where are you headed? 어디 가?

head가 명사로는 '머리'지만 동사로 쓰이면? '(고개가) 어디를 향한다'는 의미입니다. 그래서 회화체에서는 '어디 가?'를 Where are you headed?로 쓰는 경우를 많이 볼 수 있죠.

Miranda Where are you headed?
Nathalie To vote.

미란다 어디 가?
나탈리 투표하러요.

<콴티코>

I'm hitting it 나 이제 갈게

'난 그것을 치고 있어.'가 아닌 '나 이제 갈게.'라는 표현입니다. 여기서 치는 대상은 길바닥이 되겠죠. 걸어서 간다는 말입니다. I better hit it.(이제 가봐야겠어.)도 같은 말입니다. 그 밖에 비슷한 표현들은 아래 예문을 통해 확인해보세요.

All right. I'm hitting it.

알았어. 나 그냥 갈게.

<브레이킹 배드>

I've got to head off.

이제 가봐야겠어.

<닥터 포스터>

Sorry, I've got to run.

미안, 나 빨리 가봐야 돼.

<빅뱅 이론>

So I guess we'll be leaving now.

우리 이제 가봐야 될 것 같은데.

<빅뱅 이론>

hit the hay

이제 자러 가다

hay는 건초를 말하는데요. 옛날엔 마구간의 건초 더미 위에서 잠을 자기도 했습니다. 그래서 hit the hay는 '잠을 잔다'는 뜻으로 영국식 표현은 hit the sack이라고 합니다. hit 뒤에 명사를 써서 다양한 동작을 표현할 수 있는데요. p.82를 참고하세요.

I'm just gonna hit the hay.

이제 막 자려던 참이었어요.

<더 라스트 맨 온 어스>

Guys, hit the road.
자, 얼른 돌아가세요.

<모던 패밀리>

I'm knackered 완전 피곤해

knackered는 '지쳐서 나가떨어진'이란 뜻으로 몹시 지치거나 피곤할 때 쓰는 표현입니다. 미국보단 영국 사람들이 더 잘 쓰는 속어입니다.

Simon I'm knackered. Have we got any crisps?
Gemma I've had a tough day, too.

사이먼 완전 피곤해. 우리 과자 있나?
젬마 나도 오늘 힘든 하루였어.

<닥터 포스터>

Take all the time you need 천천히 해도 돼

필요한 모든 시간을 다 가지라는 뜻으로 '천천히 (생각)해.'라는 말이죠. 비슷한 표현으로는 Take your time.이 있습니다.

Take all the time you need.
시간 충분히 가져요.

<콴티코>

장면탐구 #37

<가십 걸> S01 E02

척과 전날 밤 술을 진탕 마시고 늦잠을 자고 있는 네이트. 블레어가 전화해서 브런치 파티에 늦지 말라고 전합니다. 이 장면에는 우리의 일상과 다를 게 없는 비슷한 대사들이 많이 나오는데요. 대화문을 확인해보세요.

Nate	Hello?
Blaire	Hi, sweetie. Did I wake you?
Nate	No, I'm up.
Blaire	Well, get some strong coffee and jump in the shower, sleepyhead.
네이트	여보세요?
블레어	안녕, 자기. 내가 깨웠어?
네이트	아니, 일어났어.
블레어	진한 커피 좀 마시고 얼른 샤워해, 잠꾸러기.

shotgun

앞자리(조수석)

샷건은 원래 산탄총을 뜻하는데요. 옛날엔 마차를 탈 때 채찍 든 사람 옆에 산탄총 쏠 준비가 된 사람이 나란히 앉았다고 합니다. 강도와 도적들을 상대로 운전자와 보물을 지키기 위해서였는데요. 이 표현이 오늘날에도 쓰이면서, Shotgun!이라고 누군가 외치면 '조수석을 찜하겠다'는 말이 됩니다.

> Shotgun!
> 앞자리(조수석)는 내 거야!

<더 라스트 맨 온 어스>

Send me a drop pin

위치 찍어서 보내

구글 지도를 보면 내가 서 있는 위치에 핀(압정 같은 것)이 꽂혀 있습니다. 그래서 Send me a drop pin.은 '너의 위치를 나에게 보내.' 위치를 캡처해서 보내라는 말이 됩니다.

> Send me a drop pin.
> 위치 찍어서 보내.

<걸스>

It's a hassle

귀찮아

'귀찮아'는 의역이 조금 필요합니다. '하기 싫다', '내키지 않다'로 바꿔서 I'm not (feeling) up for it. 아니면 귀찮은 상황을 뜻하는 명사 hassle을 쓰면 됩니다. It's such a hassle.(너무 귀찮아.) 또는 It's too much work.(너무 많은 일이야. ⇨ 그래서 안 할 거야. ⇨ 귀찮아.)

Kate	Well, are you sure you don't want to send it back?
Carly	Nah. It's… a hassle.
케이트	책 반품하는 게 낫지 않아요?
칼리	아뇨. 귀찮아요.

<닥터 포스터>

I didn't make the soccer team 축구팀에 못 들었다

명사 the soccer team을 간단하게 대명사로 바꾸면 it이 되죠? make it은 뜻이 참 많습니다. 회화에서 다양하게 쓰이니 꼭 알아두세요. '~에 들어가다', '성공하다', '(간신히)시간 맞춰 가다', '(모임에) 참석하다', '살아남다'.

By the way, I didn't make the soccer team.
저 그런데 축구팀은 못 들어갔어요.

<굿 와이프>

curfew 통금 시간

curfew는 부모가 10대 자녀에게 부과하는 귀가 시간입니다. I have a curfew.(나 통금 시간이 있어.) / I broke my curfew last night.(나 어젯밤에 통금 시간 어겼어.) / I have a 9 o'clock(pm) curfew.(나 9시까지 들어가야 돼.)

Now Serena is an adult, and she's not missing her curfew and she's not in high school.

세레나는 이제 어른이고, 통금 시간을 어기는 것도 아니고, 이제 고등학생도 아니야.

<가십 걸>

You are grounded

외출 금지야

You are grounded! 미국 청소년들이 가장 두려워하는 말이겠죠. 외출 금지를 당한다는 말인데요. 보통은 for 뒤에 기간을 정해줍니다. 3 days 또는 a week 이렇게요.

You are grounded for a full week.

일주일 동안 외출 금지야.

<모던 패밀리>

living under my roof

내 지붕 아래서 살다

한 지붕 아래 같이 산다는 의미로 자녀 입장에서는 부모의 간섭을 어느 정도 견뎌야 한다는 뉘앙스가 담겨 있습니다.

Serena, you're home, living under my roof, my rules.

세레나, 넌 내 집에 있고, 내 지붕 아래, 내 규칙 아래 살아야 한다는 걸 의미해.

<가십 걸>

Give me a break

그만 좀 해라

break는 휴식을 의미합니다. 여기서는 상대방에게 휴식을 달라고 하는 표현인데요. 나쁘게 말하면 '작작해', '적당히 해', '그만 좀 해' 이런 뜻입니다. 비슷한 표현으로는 Knock it off.(그만 좀 해.) / Cut it out.(그만해.) 등이 있습니다.

Give me a break.

그만 좀 해라.

<모던 패밀리>

Let's just take five

5분만 쉬자

여기서 take는 '쉰다'는 뜻으로 뒤의 숫자는 시간을 말합니다. 비슷한 표현으로는 Let's take a break.(이제 좀 쉬자.)

Let's just take five.

5분만 쉬자.

<모던 패밀리>

cut off

끼어들다

cut off는 누군가의 주행을 끊어버리고 그 앞으로 끼어든다는 의미가 있습니다. 새치기는 Someone cut in line.(누가 새치기했어요.)라고 합니다.

She cut that guy off. She's a terrible driver. She's danger to us all.

엄마가 끼어드셨어요. 엄마는 엉망진창 운전수에요. 엄마는 우리 모두에게 위험해요.

<모던 패밀리>

tag along

따라가다, 같이 가다

tag는 '꼬리표', along은 '옆에'라는 뜻인데요. 꼬리표처럼 옆에 붙어 다닌다는 표현이에요. 쇼핑 가는데 혼자 가기 심심하다면, 친구한테 전화해서 I'm going shopping, you wanna tag along?(나 쇼핑 갈 건데, 너도 같이 갈래?) 이렇게 쓸 수 있고요. 또는 누가 초대하지 않았는데 꼽사리 껴서 같이 따라다닌다는 말입니다.

You sure Mitchell won't mind me tagging along?

제가 따라가도 미첼 형이 아무렇지 않을까요?

<모던 패밀리>

trophy wife

트로피 와이프

나이 많고 성공한 남자가 수차례의 결혼 끝에 얻은 젊고 아름다운 전업주부를 가리키는 말입니다. 반대로 trophy husband는 성공한 아내를 위해 가사와 육아를 대신 책임지는 남편을 뜻합니다.

And I can't pressure Mitchell, but I really, really, really just want him to get a job so I can go back to being a stay-at-home dad/trophy wife!

미첼에게 압박을 줄 순 없지만, 그가 정말 다시 일을 했으면 좋겠어요. 그래서 내가 집에 다시 머무는 남편/트로피 와이프가 될 수 있게요.

<모던 패밀리>

연습해보기

01. 나 쉬하고 있어.

02. 나 토할 것 같아.

03. 나 바람 좀 쐬고 와야겠다.

04. 점점 쌀쌀해진다.

05. 알리샤와 우연히 마주쳤어요.

06. 제가 지금 좀 급해서요.

07. 일 끝나고 잠깐 들를게.

08. 언제 한번 모이자.

09. 어디 가?

10. 나 이제 갈게.

11. 조수석 찜!

12. 위치 찍어서 보내.

13. 귀찮아.

14. 작작해.

15. 5분만 쉬자.

16. 나 쇼핑 갈 건데, 너도 같이 갈래?

★ ONCE UPON A TIME in Wonderland ★

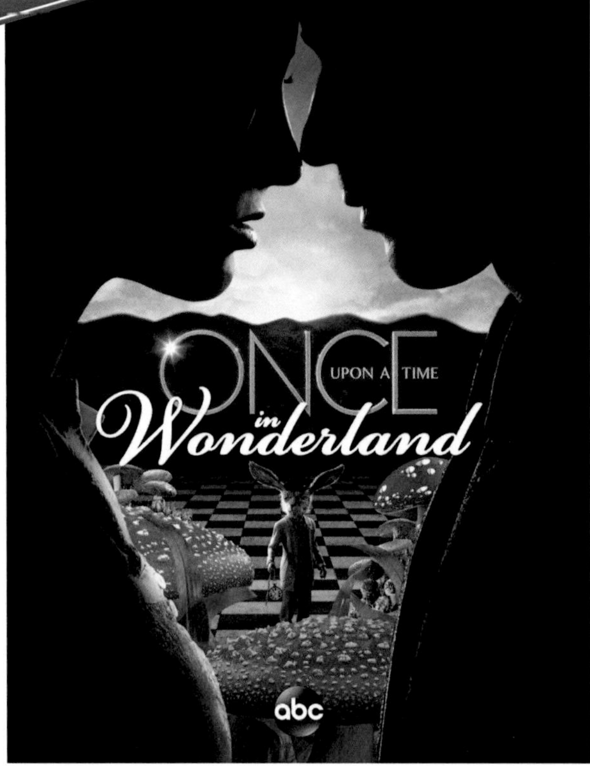

<원스 어 폰 어 타임>의 스핀오프. <이상한 나라의 엘리스>를 모티브로 만든 리얼 판타지 드라마입니다. 판타지 드라마답게 이야기도 연출도 환상적이어서 보고 있으면 감탄이 절로 나올 뿐더러, 모험과 로맨스가 합쳐져 지루할 틈이 없습니다. 무엇이든 가능한 원더랜드. 그 안에선 잔혹한 사건도 일어나고, 황당무계한 사건도 일어나는데요. 어른들을 위한 리얼 동화를 찾는다면 이 드라마를 추천합니다.

CAST

- **엘리스:** 사이러스와 사랑에 빠진다. 사이러스가 납치당하자 원더랜드에서 네이브와 함께 그를 찾아다닌다.
- **네이브:** 본명은 윌. 로빈후드의 캐릭터. 엘리스가 사이러스를 찾을 수 있도록 돕는다. 한때 아나스타샤와 연인 사이였다.
- **사이러스:** 요술 램프의 지니. 알라딘의 캐릭터. 평생 남의 시중을 들어야 하는 저주로 요술램프에 갇힌다.
- **붉은 여왕:** 본명은 아나스타샤. 처음엔 악한 붉은 여왕이지만, 나중엔 선한 화이트 여왕이 되어간다.
- **자파:** 알라딘의 캐릭터. 원더랜드를 지배하려는 악당. 붉은 여왕과 동맹관계인 듯 아닌 듯. 마법을 잘 부린다. 로스트의 사이드가 역을 맡았다.

Keyword

★ ★ ★ 12 ★ ★ ★

상황 / 분위기 / 관계

★

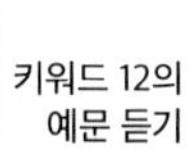

키워드 12의
예문 듣기

상황 / 분위기 / 관계

Something came up　　어떤 일이 생겼어

어떤 일이 갑자기 예상치 못하게 터졌을 때 came up이란 동사를 써서 Something came up.이라고 합니다. 친구와 약속했는데 급한 일이 생겨서 못 갈 것 같다고 할 때 써주면 되겠죠.

Something came up.
일이 좀 생겼어.

<제시카 존스>

What are you up to?　　무슨 꿍꿍이야?

이 표현은 문맥에 따라 여러 가지 해석이 나올 수 있으니 주의하세요. What are you up to now?(지금 뭐해?) / What are you up to tonight?(오늘 밤 뭐해? ⇨ 계획 있어?) / What are you up to these days?(요즘 뭐하고 지내?) 미드에서 쓰인다면? '무슨 꿍꿍이야?' 아주 변화무쌍한 표현입니다.

Trish, what are you up to?
트리시, 무슨 꿍꿍이야?

<제시카 존스>

sneaky

교활한, 엉큼한, 수상한

너 뭔가 좀 냄새가 난다? 친구가 뭔가 꿍꿍이가 있는 것 같거나 수상해 보일 때 sneaky라고 말합니다. 비슷한 단어로는 sly(능글맞은) / cunning(교활한) / scheming(책략을 꾸미는) 등이 있습니다.

You are so sneaky.
너 정말 수상해.

<제시카 존스>

Don't make a scene

소동 부리지 마

직역하면 '(드라마) 장면 만들지 마.' 우리 일상과는 많이 다른 게 드라마 속 이야기죠? 그래서 누군가 난리법석을 떨거나 드라마틱하게 굴 때, Don't make a scene.이라고 합니다.

Don't make a scene.
소동 부리지 마.

<걸스>

Don't make this into something.
이걸 큰일로 만들지 마.

<콴티코>

I don't want to pressure you 너에게 부담 주기 싫어

pressure는 앞서 설명했던 단어로 부담, 압력이라는 뜻이 있습니다. 누군가에게 부담 주기 싫다고 말할 때 I don't wanna pressure you.라고 합니다.

I don't want to pressure you.
너에게 부담 주기 싫어.

<걸스>

keep each other's company 같이 있어주다

company는 회사, 동료, 일행 등 여러 가지 뜻이 있습니다. 여기선 '서로의 일행이 되어주다', '같이 있자'는 말이 됩니다.

Let's just keep each other's company.
우리 서로 같이 있어주자.

<걸스>

We've got company 우릴 쫓아오는 놈들이 있어

여기서도 company는 일행이란 뜻입니다. 그래서 '우리 일행(미행)이 붙었어', '누가 우릴 따라오고 있어'라는 의미로 쓰이는 거죠.

We've got company.
우릴 쫓아오는 놈들이 있어.

I think she's on to us.
그녀가 우릴 뒤쫓는 것 같습니다.

<원스 어 폰 어 타임 인 원더랜드>

---

notice

알아차리다, 눈치 채다

notice는 '알아차리다'라는 뜻도 있지만, '눈치를 챈다'는 의미로도 쓰입니다. '눈치가 빠르다'는 영어로 하면 be perceptive라고 합니다.

You've noticed.
알고 있었잖아.

<리미트리스>

---

clueless

단서가 없는, 눈치가 없는

어딘지 모르게 둔하고 분위기 파악 잘 못 하는 사람을 clueless 하다고 합니다. 상황에 대한 단서를 잘 캐치 못 할 정도로 눈치가 없다는 뜻이죠.

You're clueless.
넌 눈치가 없구나.

<가십 걸>

Speak of the devil
호랑이도 제 말 하면 온다더니

누군가에 대해서 험담하고 있으면 꼭 그 사람이 나타나죠? 우리나라는 호랑이를 쓰지만, 서양에서는 devil(악마)에 비유합니다. 비슷하게 생겼지만 다른 표현으로는 speaking of(which)가 있습니다. '얘기가 나와서 말인데' 하며 방금 전에 나왔던 주제를 다시 언급하는 표현인데요. 친구가 I got an invitation to Joe's wedding. Are you coming?(나 조 결혼식에 초대받았어. 너도 올 거야?) 이때 내가 결혼식에 대해서 할 말이 갑자기 생각났다면 Speaking of which, how much money are you going to give as their wedding gift?(결혼식 얘기가 나와서 말인데, 축의금 얼마 낼 거야?) 이렇게 쓰일 수 있습니다.

Speak of the devil.
호랑이도 제 말 하면 온다더니.

<브레이킹 배드>

The timing was awful
타이밍이 안 좋았어

The timing wasn't right.으로도 많이 쓰입니다. 그렇다면 어디선가 봉변을 당하고 온 친구에게 건넬 위로의 말은? 간단합니다. Wrong time, wrong place.(넌 잘못된 시간과 장소에 있었던 거야.)

The timing was awful.
타이밍이 안 좋았어.

<제시카 존스>

So be it

될 대로 되라지

마치 체념하듯이 '될 대로 되라지.' '어떻게 되든 난 상관없으니 그럴 테면 그러라지.' 이런 의미로 쓰이는 표현입니다. 같이 알아둘 표현으로는 Suit yourself! '네 좋을 대로 해라', '맘대로 하세요' 이런 뜻입니다.

> So be it. We'll figure it out.
> 될 대로 되라지. 방법을 찾아내면 돼.

<브레이킹 배드>

It depends

상황에 따라 다르다, 그때그때 다르다

누군가 부탁을 해옵니다. 이때 무작정 해주기보다 어떤 일인지 들어보고 들어줄지 말지 정하고 싶다면, It depends. 또 누군가 이상형에 대해서 물어옵니다. 딱히 정해놓은 것이 없고 이상형이 그때그때 다르다면? 역시 It depends.라고 말합니다.

> It depends.
> 상황에 따라 다르죠.

<제시카 존스>

It's up to us

우리에게 달려 있다

up to는 다른 사람(you, me, her, him, them, us)에게 선택권을 준다는 의미입니다. 무엇을 하든 그 사람에게 달려 있다는 말이죠. 어디서 밥을 먹을지 남자친구가 물어온다면, Up to you!('네가 정해!'라고 쓰고, '이상한 데 데리고 가면 실망할 거야!'라고 읽습니다.) 남자 분들은 센스 있게 잘 골라야겠죠.

> It's up to us now.
> 이제 우리에게 달려 있어요.

<제시카 존스>

---

do over

다시 시작하다

do over는 명사, 동사 두 가지 형태로 가능합니다. I want to do over. / I want a do over.(새로 시작하고 싶어.) 다 같은 뜻입니다. 비슷한 의미로 새 출발을 하고 싶다면 I'm turning over a new leaf.(새로운 사람으로 변할 거야.) 이 표현들을 기억해뒀다가 한번 써보세요.

> If I only knew then what I know now. I just wish I can have a do over.
> 지금 알고 있는 걸 그때도 알았더라면. 난 다시 시작하고 싶을 뿐이야.

<더 라스트 맨 온 어스>

Make it right

바로 잡아

어떤 일을 제대로 못했거나 관계를 망쳤다면, I'm going to make it right.(다시 바로잡을 거야.)이라고 말합니다. 또는 I'm trying to fix things here.(내가 망쳐놓은 일들을 지금 바로잡으려고 하잖아.) 비슷한 표현입니다.

Make it right.
바로잡아!

<제시카 존스>

bugging someone
누군가를 귀찮게 하다

벌레처럼 귀찮게 군다고 해서 생겨난 표현입니다. bugging 뒤에 사람을 붙여서 He keeps bugging me.(그가 계속 날 귀찮게 해.) 이렇게 만들어줍니다. bugging은 '도청'이란 뜻도 있습니다. My phone was bugged.(내 폰이 도청되고 있었어.)

I'm not bugging you guys, am I?
내가 너희들 귀찮게 하는 건 아니지?

<더 라스트 맨 온 어스>

I'll give you that
그건 인정해, 장담해

직역하면 너에게 그걸 줄게. 어떤 확신이나 보장을 준다는 의미로 '장담한다', '확실하다'는 뜻입니다. 또 상황에 따라선 '그건 인정할게'. 예를 들면 He's a good talker. I'll give you that. But I wouldn't trust him if I were you.(그는 말을 잘하지. 그건 인정해. 하지만 내가 너라면, 그 사람을 믿지 않을 거야.)

This is a bit of a setback, I'll give you that.
약간의 차질이 생겼어. 그건 인정할게.

<원스 어폰 어 타임 인 원더랜드>

장면탐구 #38

<오피스> S01 E06

케이티가 맘에 드는 마이클은 호의를 베풀려고 하는데요. 케이티를 태워줄 차가 급하게 떠나버려 운전기사를 자청하는 장면입니다. 시간 뒤에 sharp를 써주면 정각에, 칼같이, '칼퇴'라는 의미가 생깁니다. '퇴근하다'는 I'm out of here. / I'm getting off(taking off).라고 씁니다.

Katy	My ride just bailed on me.
Michael	Oh. Oh! God. I'm sorry. Where are you going? Nearby? Because I could give you a ride.
Katy	No. I don't want to inconvenience you.
Michael	No inconvenience. I'm out of here at five sharp.
Katy	At five?
Michael	I can go earlier because I'm the boss. I'm outta here, slaves.
Katy	Ok.
케이티	절 태워줘야 되는 차가 떠났어요.
마이클	오, 이런. 어디로 가는데요? 근처에요? 왜냐면 제가 태워다 줄 수 있거든요.
케이티	당신을 불편하게 하기 싫어요.
마이클	오, 아니에요. 불편하지 않아요. 저 5시 정각에 칼퇴해요.
케이티	5시요?
마이클	더 일찍 나올 수도 있어요. 제가 상사니까요. '노예들아, 난 이만 나간다.' 하고.
케이티	좋아요.

모두가 퇴근하는 시간. 마이클 옆에 케이티와 짐이 함께 나란히 걸어가고 있는 어색한 상황입니다.

Katy	I, um, I probably should have told you. I don't need a ride now 'cause Jim can take me home after so you're off the hook.
Michael	Off the hook, excellent. Ok. Cool.
케이티	진작 말했어야 되는데. 차 안 태워주셔도 돼요. 짐이 태워주기로 했거든요. 그러니 당신은 이제 가도 좋아요.
마이클	가도 되는군요. 좋아요. 알았어요.

off the hook은 어떤 책임이나 부담감에서 벗어난다는 뜻입니다. 낚시 고리에 걸렸다가 풀려난다는 의미로, 원치 않는 일에서 해방되는 걸 말합니다.

American dramas Master

have skin in the game

~에 강한 관심을 갖다

skin은 사람이 개입되어 있단 의미이고, game은 내가 관심을 갖고 경기를 하고 있는 장을 말합니다. 그래서 이 표현은 내가 만나는 사람을 거쳐 간 전 남친/전 여친을 가리키기도 합니다. 비즈니스 용어로도 쓰이는 이 표현은 상당액을 투자했기 때문에 회사 프로젝트에 적극적으로 관심을 보이는 사람들을 가리키기도 합니다.

I felt like I was getting checked out by someone who had skin in the game.

감시당하는 기분이었어요. 우리 관계에 관심 있는 누군가한테.

<굿 와이프>

put your venture at risk

모든 걸 위험에 빠뜨리다

adventure에서 ad만 빼면 venture. '모험', '위험을 무릅쓰다'는 뜻이 됩니다. 생긴 것만큼이나 의미도 비슷하죠. 벤처 사업도 이 단어를 씁니다.

You put your whole venture at risk.

넌 모든 걸 위험에 빠뜨렸어.

<가십 걸>

jeopardize something 무언가를 위험에 빠뜨리다

jeopardize는 '~을 위태롭게 하다', '~을 위험에 빠뜨리다'로, 뒤에 목적어를 취하는 타동사입니다. '누구를 위험에 빠뜨린다'는 표현은 put someone in jeopardy로 씁니다.

> You can't let him jeopardize that.
> 그가 그걸 위험에 빠뜨리도록 내버려두지 마.

<가십 걸>

He cornered me 날 궁지에 몰았어

'날 코너로 몰았다', '날 궁지에 몰아넣었다'는 표현이 영어에도 있습니다. 바로 corner를 동사로 그대로 써주면서 뒤에 사람을 써주면 되는데요. 비슷한 표현으로는 I came to a dead end.(나는 막다른 길에 다다랐다.)가 있습니다.

> He cornered me.
> 그가 날 궁지에 몰았어.

<가십 걸>

> She's got me cornered.
> 그녀가 날 궁지에 몰아넣었어.

<빅뱅 이론>

freeze this moment

이 순간을 간직하다

'이 순간을 간직하다'라는 의미로 Keep this moment 말고 참신한 표현이 필요하다면, 이 표현을 알아두세요. '순간을 얼리고 싶다 ⇨ 간직하고 싶다'는 뜻입니다.

I just wanna freeze this moment as it is right now.
난 단지 지금 이 순간을 간직하고 싶어.

<모던 패밀리>

I was clearing the air

난 상황을 개선시키고 있었어

방이 안 좋은 공기로 가득하면 환기를 시키죠? 공기를 깨끗하게 한다는 것은 어떤 오해나 안 좋은 감정들을 푼다는 의미입니다.

I was clearing the air.
난 상황을 개선시키고 있었어.

<콴티코>

made it

참석하다

여기서는 '(어떤 자리에) 참석하다'로 쓰입니다. p.228를 보면서 make it의 다양한 의미를 다시 한 번 복습해보세요.

Max, you made it! Glad you could make it.
맥스, 왔구나! 네가 와줘서 기뻐.

<콴티코>

play a good hand

플레이를 잘하다

카드 게임에서 능수능란하게 멋진 수를 선보일 때 play a good hand라고 하는데요. 일상 속에서도 누군가 어떤 일을 전략적으로 능수능란하게 진행할 때도 쓰입니다.

Miranda, you played a good hand. But you lost.
미란다 멋진 패였는데, 네가 졌어.

<콴티코>

pry

캐묻다

캐묻는 것을 영어로 pry라고 합니다. privacy(사생활)를 중요시 여기는 미국인들한테 꼬치꼬치 캐묻는다면 실례가 되겠죠? 혹시라도 오해를 샀다면, I'm sorry I didn't mean to pry.라고 하면 됩니다.

What'd you do last night? Oh, My God. I totally didn't mean to pry.
어젯밤 뭘 한 거야? 어머나, 세상에. 캐물을 생각은 아니었어.

<가십 걸>

turns out

알고 보니 ~이더라

"내가 네 어미다." 알고 보니 우연히 몇 번 마주친 사모님이 자신의 친모였다던가. 그런 숨겨진 사실들이 한 꺼풀씩 벗겨지는 드라마에선 '알고 보니' 참 많이 쓰이는 표현이죠. 미드에서도 마찬가지입니다. turns out '알고 보니 ~였더라', '결국 ~였더라.' 어떤 사실이 나중에 밝혀질 때 쓰이는 표현입니다.

Turns out what he is, is a lousy gambler, and now I'm the one on the hook for it.

알고 보니 더러운 도박꾼이더라고. 지금은 내가 그 빚을 갚게 된 거고.

<라스트맨 온 어스>

on edge

예민한 상태

패션 쪽에서는 개성이 뚜렷하다는 말인 엣지는 사실 끝, 가장자리, 날카로운 모서리, (칼의) 날을 가리킵니다. 그래서 신경이 곤두서거나 날이 서 있을 때 I'm on the edge.(나 예민한 상태야.)라고 합니다.

I think this whole Will Byers thing has everybody on edge.

이 윌 사건이 모두를 예민하게 만들고 있는 것 같아.

<스트레인저 띵스>

My hands are tied

나 정말 바빠요

손이 묶여 있다고 상상해보세요. 납치당한 것 아니냐고요? 손이 묶여 있다는 것엔 두 가지 의미가 있습니다. 첫 번째는 아무 일도 못 할 정도로 바쁘다는 것이고, 두 번째는 도와줄 수 없다는 뜻입니다.

My hands are tied, Schue.

나 정말 바빠요.

<글리>

rock the boat

풍파를 일으키다

직역하면 '배를 흔든다.' 상상만 해도 위태위태하겠죠? 삶이 잔잔하게 흘러가도록 놔두지 않고 평지풍파를 자꾸 일으킨다는 뜻입니다. 반대는 Don't rock the boat!(풍파 일으키지 마!)입니다.

Look, I don't wanna rock the boat.

난 풍파를 일으키고 싶지 않아.

<글리>

be packed 사람들로 가득 찬

crowded와 비슷한 의미로, 원어민들이 좀 더 많이 쓰는 표현입니다. 의미를 강조하고 싶다면 jam-packed를 쓰기도 합니다. 그 외에도 I'm all packed!(나 짐 다 챙겼어!)란 의미도 있습니다.

It's already packed out there.
저 밖에 사람들로 벌써 붐비네.

<뱀파이어 다이어리>

I think that explains itself 그걸로 설명이 다 되네

itself는 상황 자체를 의미하는데요. 설명을 듣지 않아도 상황 하나만으로 모든 것이 설명된다는 말입니다. 비슷한 표현으로는 speaks for itself가 있습니다. The result speaks for itself.(결과가 다 말해주잖아.)

I think that explains itself.
그걸로 설명이 다 되네.

<가십 걸>

장면탐구 #29

<제시카 존스> S01 E06

Netflix, Inc©

어떤 일을 처리하고 오느라 루크와의 만남을 깜빡한 제시카는 복도에서 루크와 마주칩니다. 이때 루크의 반응이 냉담한데요. blow someone off는 '누군가를 바람 맞추다.'라는 말로 I got stood up(나 바람 맞았다) / She bailed on me.(그녀가 날 바람 맞췄어. / 날 배신했어.) 모두 비슷한 표현입니다.

Jessica	I had to deal with something.
Luke	More important than a paying customer?
Jessica	Life and death, actually.
Luke	Figured you were blowing me off.
Jessica	I wouldn't just bail on you.
Luke	You've done it before.
제시카	어떤 일을 해결해야만 했어.
루크	의뢰인보다 더 중요해?
제시카	생과 사의 문제지, 사실.
루크	바람 맞은 줄 알았어.
제시카	그냥 바람 맞추진 않아.
루크	전에도 그랬었잖아.

연습해보기

01. 어떤 일이 일어났어.

02. 무슨 꿍꿍이야?

03. 소동 부리지 마.

04. 너에게 부담 주기 싫어.

05. 호랑이도 제 말하면 온다더니.

06. 타이밍이 안 좋았어.

07. 될 대로 되라지.

08. 그때그때 달라.

09. 우리에게 달려 있다.

10. 바로잡아.

11. 그건 인정해.

12. 그가 날 궁지에 몰았어.

13. 난 상황을 개선시키고 있었어.

14. 맥스, 왔구나!

15. 나 정말 바빠요.

16. 풍파 일으키지 마!

17. 저 밖에 사람들로 붐비네.

★ ★ 정답 ★ ★

Keyword 1.

1. What is up with you and Melissa?
2. He's out of your league.
3. It is real.
4. I hate it when you play hard to get.
5. I want to ask you out on a date.
6. How long have you guys(two) been together?
7. You two make a cute couple.
8. Phil Miller is off the market.
9. You two still on the outs?
10. It's over.
11. I don't think we should see each other anymore.
12. He dumped me.
13. You are a catch!
14. She doesn't appreciate you.
15. Move on.
16. You're having an affair, aren't you?
17. I got stood up.

Keyword 2.

1. I'm not in the mood.
2. You're pissed at her.
3. Why are you so cranky?
4. I know. It's really freaking me out.
5. Why the long faces here?
6. You must be so psyched!
7. That's very flattering.
8. I'm very moved.
9. It's too draining.
10. You are so self involved.
11. You're getting cocky, a little bit.
12. I was being sarcastic.
13. She's a little frigid.
14. You're a little uptight.
15. Mitchell is a snob.
16. Classic me, right?
17. Didn't have the balls.

Keyword 3.

1. Who does your hair?
2. Worry looks cute on you.
3. She's just less blair.
4. You look nice.
5. You haven't aged an hour.
6. I had a nose job.
7. You look like you lost a lot of weight.
8. I've been working out lately.
9. You're a little overdressed for the study date.
10. He goes and buys some bling-bling.
11. You're old school.
12. Have you seen my baggy sweatshirts?
13. Is there a dress code?
14. We'll hit the mall after school.
15. (There's) Nothing to wear.

16. Nice outfit.

Keyword 4.

1. Good work. Keep it up.
2. I have no choice but to resign.
3. I'm gonna call it a night.
4. I'm beat.
5. Work's been kicking my ass lately.
6. Let's get down to business.
7. Was there anything you wanted to add to the agenda?
8. There's going to be downsizing.
9. We're on it!
10. Could you wrap it up, please?
11. Thank you for reminding.
12. I am on a deadline here.
13. Take a day off.
14. Glad you could come aboard.
15. Keep me posted.
16. I got a hunch.
17. Stay out of my business.

Keyword 5.

1. You boasted about it.
2. I've got this.
3. This is my forte.
4. He's a seasoned professional.
5. I've been there.
6. Let's move past this.
7. You have been going through a lot lately.
8. We've been through enough.
9. You'd better get used to it.
10. Rumor has it.
11. Doesn't ring a bell.
12. It must have slipped my mind.
13. I spaced.
14. No need to rehash that.

Keyword 6.

1. Is this gonna be on the mid-term?
2. Apply yourself.
3. You'll get kicked out of school.
4. We dropped out of school.
5. Who's gonna take over Glee club?
6. Smart is the new sexy.
7. What's your GPA?
8. She's coming to the PTA event.
9. I have Bachelor's degree.
10. I'm a sophomore.
11. You get great(good) grades.
12. Dismissed!
13. Do laps!
14. Your eyes look a little bloodshot.
15. You're the quarterback.
16. We can be prom king and queen.

Keyword 7.

1. I'm trying to make a living.
2. What a bargain!
3. That might be a deal-breaker.
4. How about we make a deal?
5. Sounds like an even trade.
6. I got it covered.
7. Can I just put that on a credit card?
8. Don't get hung up on money here.
9. Everyone in the family has to pitch in.
10. We should all chip in for the gift.
11. The point here is to make money.
12. Fat stacks, dead presidents, cash money.
13. I'm all in.
14. My bet's on LA Dodgers.

Keyword 8.

1. Do you wanna grab a drink or something?
2. I could really go for some Chinese.
3. I was thinking Indian.
4. Make yourself at home.
5. Would you make me a BLT?
6. I have been craving cheese burgers since noon.
7. This is on you, right?
8. I've been drinking on an empty stomach.
9. Off the booze, health's improved.
10. I'm pretty tipsy already.
11. I'm so hungover.
12. Sober up!
13. I'm on the wagon.
14. I have two left feet.
15. I got(have) moves.
16. Let's throw Leonard a kick-ass birthday party!
17. This is a killer party! Liking the vibe.

Keyword 9.

1. I'm running out of pills.
2. You're addicted to those things.
3. Are you having side effects?
4. He's got a health issue.
5. He got some busted ribs.
6. He's recovering.
7. I got OCD.
8. You're getting released tomorrow morning.

Keyword 10.

1. Fair enough.
2. I didn't see that coming.
3. I can't' help it.
4. I'm sorry I didn't figure it out sooner.

5. So I guess we're even.
6. We'll see about that.
7. You're positive?
8. Right on!
9. We should hang out more often.
10. Let's get something straight.
11. No offence, but I'm not interested.
12. Lay it on me.
13. You got it wrong.
14. Works for me!
15. It was a last minute thing.
16. Take that back.
17. That can wait.

Keyword 11.

1. I'm peeing.
2. I think I'm gonna puke.
3. I need to get some air.
4. It's getting chilly.
5. I ran into Alicia.
6. I'm in a hurry.
7. I'll swing by after work.
8. Let's get together sometime.
9. Where are you headed?
10. I'm hitting it.
11. Shotgun!
12. Send me a drop pin.
13. It's a hassle.
14. Give me a break.
15. Let's just take five.
16. I'm going shopping, you wanna tag along?

Keyword 12.

1. Something came up.
2. What are you up to?
3. Don't make a scene.
4. I don't want to pressure you.
5. Speak of the devil.
6. The timing was awful.
7. So be it.
8. It depends.
9. It's up to us.
10. Make it right.
11. I'll give you that.
12. He cornered me.
13. I was clearing the air.
14. Max, you made it!
15. My hands are tied.
16. Don't rock the boat!
17. It's packed out there.